Galardón Read

Código 7
Descifrando el código para una vida épica

7 niños. 7 historias.

¡Explora el mundo de siete niños que se encuentran prepa-rados para descifrar el código con el fin de alcanzar una vida épica! Sigue sus historias mientras persiguen sus sueños en el escenario, buscan a un pez escurridizo de gran tamaño, o inician un negocio improvisado desde su casa del árbol. Averigua cómo encuentran la forma de trabajar juntos para cambiar su comunidad.

"Los educadores y los padres apreciarán las lecciones de vida en cuidado, ética en el trabajo, y apreciación del trabajo en equipo que son tan importantes durante los años de formación de un niño".
—**School Library Journal**

"Johnson es un resuelto narrador, y cada uno de sus siete cuentos encarna una característica diferente e importante que toda persona de éxito debe poseer".
— **Kirkus Reviews**

"¡Me encantó este libro! La obra es increíble y de ritmo rápido... Lo leí para poder comprar un set para mi clase de primaria. Es perfecto para que todos puedan leerlo juntos y hablar sobre él. También es estupendo para estudiantes de dos idiomas ... Gracias de nuevo. ¡Me encantó este libro! Muchas gracias."
— **Sindy Martinez, Profesora de escuela primaria**

SOBRE EL AUTOR

Bryan R. Johnson es un aventurero de la vida real. Cuando no está escalando los picos del Monte Kilimanjaro o volando aviones, está explorando el funcionamiento interno del cerebro humano e invirtiendo en ciencia innovadora. Bryan prefiere los golpes de puño a los apretones de manos, el hip hop al jazz, y pizza sin corteza.

Más libros de Bryan R. Johnson

The Proto Project
A Sci-Fi Adventure of the Mind
(English Edition)

El Proyecto Proto
Una Aventura de Ciencia-Ficción de la Mente
(Edición en inglés)

Cuando Jason conoce el invento de un billón de dólares de su madre, un dispositivo de inteligencia artificial llamado Proto, accidentalmente se ve envuelto en una misteriosa aventura. Proto desaparece, y luego también lo hacen personas. Ahora Jason y su fantástica vecina Maya deben arriesgar sus vidas para impedir el caos mundial. ¿Pero quién está detrás de este malicioso plan? ¿Es otra IA? ¿Es el FBI? ¿O cualquier otra abreviatura con una I? ¿Qué puedes descubrir exactamente acerca de la inteligencia humana y artificial mientras peleas por salvar tu vida frente a una legión de cachorros peludos o un batallón de drones? Mucho, si es que vives para contarlo.

Código 7

Descifrando el código
para una vida épica

Bryan R. Johnson

*A mi Jefferson, Talmage, y Genevieve;
no puedo imaginarme un mundo sin alguno de ustedes.*

Un agradecimiento especial a Vickie Guzman y Isabel Fernández
por supervisar la traducción de Código 7 en español.

Candy Wrapper Inc. y el distintivo logo Candy Wrapper
son marcas de Candy Wrapper Inc.

© 2020 Candy Wrapper Inc.
Traducción © 2019 Candy Wrapper Inc.
Texto © 2017 Candy Wrapper Inc.
Ilustraciones © 2017 Candy Wrapper Inc.

Todos los derechos reservados. Ninguna parte de esta publicación puede ser reproducida, almacenada en un sistema de recuperación, o transmitida de ninguna forma o por ningún medio, electrónico, mecánico, fotocopiadora, grabación o de otra manera, sin el permiso previo y por escrito del editor.

Este libro es una obra de ficción. Cualquier referencia a los acontecimientos históricos, gente verdadera, o negocios verdaderos se utilizan de forma ficticia. Otros nombres, personajes, lugares e incidentes son el producto de la imaginación del autor, y cualquier semejanza con acontecimientos reales, negocios o personas, vivas o muertas, es pura coincidencia.

---

*To my Jefferson, Talmage, and Genevieve,
I can't imagine a world without each of you.*

Candy Wrapper Inc. and the distinctive Candy Wrapper logo
are trademarks of Candy Wrapper Inc.

© 2020 Candy Wrapper Inc.
Text © 2017 Candy Wrapper Inc.
Illustrations © 2017 Candy Wrapper Inc.

All rights reserved. No part of this publication may be reproduced, stored in a retrieval system, or transmitted, in any form or by any means, electronic, mechanical, photocopying, recording, or otherwise, without prior written permission from the publisher.

This book is a work of fiction. Any references to historical events, real people, or real locales are used fictitiously. Other names, characters, places, and incidents are the product of the author's imagination, and any resemblance to actual events or locales or persons, living or dead, is entirely coincidental.

ISBN: 978-1-940556-11-6

TABLA DE CONTENIDOS

EN ESPAÑOL

Un mundo de posibilidades	1
Bolitas de Gloria	13
Manéjese con cuidado	27
El monstruo	41
¡Rómpete una pierna!	55
¡Santos roedores!	67
Código 7	77

1

Un mundo de posibilidades

En el auditorio de la escuela, Jefferson se sentó con su clase de quinto curso mientras los estudiantes de primaria de Flint Hill iban entrando. El día llegaba a su fin, y él ya estaba preparado para irse. No le importaban mucho las asambleas: sermones sobre acoso, seguridad escolar... un aburrimiento. Mientras esperaba, sacó de su bolsillo una pequeña libreta y un lápiz y empezó a dibujar. A Jefferson le encantaba dibujar, algo que solo superaba la pintura. El mejor amigo de Jefferson, Darren, estaba sentado a su lado.

—¿Y ahora que estás dibujando?

—Lo de siempre— dijo Jefferson—. Lo que veo.

Jefferson hizo un boceto de la escena que tenía delante. Dibujó a la directora Cooler, que estaba en el escenario frente a una gran pizarra, poniendo atención en su pelo rizado y gafas de montura negra.

La directora Cooler aclaró su garganta.

—Estudiantes y personal de la escuela —comenzó a decir—, este es un año importante para Flint Hill. ¡Nuestra escuela celebra su cincuenta aniversario!

—Pero el edificio de la escuela ya se ve viejo. Es hora de que hagamos algo al respecto.

Cientos de murmullos llenaron el auditorio. Jefferson dejó de dibujar, preguntándose qué habría querido decir la directora Cooler.

—¡Van a tirar este lugar! —Darren golpeó con el puño la palma de su mano—. ¡Bam!

—Ni lo sueñes.

Jefferson sabía que eso no sucedería. Flint Hill tenía su orgullo y la pequeña ciudad tenía aún más. Algún famoso científico que había inventado el plástico, o algo así, había estudiado ahí. Jamás demolerían la escuela.

La directora Cooler tomó un trozo de tiza de la bandeja.

—Hoy quisiera escuchar sugerencias sobre cómo podemos hacer que la escuela se vea mejor que nunca para nuestra celebración de aniversario. ¿Quién tiene una idea?

Docenas de manos se elevaron en el aire. La directora Cooler señaló a un niño de segundo curso.

—Construyamos una montaña rusa que empiece en la cafetería y terminé en la parada del autobús—, dijo.

—Montaña rusa. —La directora Cooler escribió las palabras en el pizarrón. —Puede que eso sea un poco exagerado, pero gracias por tu sugerencia.

Se giró para dirigirse a la audiencia.

—Ahora, ¿qué más se podría hacer para que la escuela destacara realmente? —Jefferson pensó en Flint Hill, ubicada en la cima de la colina, con ese césped verde tan bien recortado. El césped siempre se había visto bien porque el señor Summers, el jardinero, tenía el don de dibujar diseños perfectos con su cortadora de césped. Pero en contraste, el edificio en sí era una miserable caja de zapatos rectangular de dos pisos. Había sido pintado una y otra vez de blanco para que pareciera nuevo, cuando era evidente que no lo era.

Algo que sobresalga, pensó Jefferson. Y luego se le ocurrió.

—¡UN MURAL! —gritó, y todos voltearon a verlo.

—¡Podemos pintar algo genial en la pared lateral del edificio!

—¿Algo como grafiti? —preguntó Darren. —¡Genial!

Un mundo de posibilidades

La audiencia vibró de emoción.

—¿No es eso ilegal? —preguntó alguien.

—¡Fantástico! —dijo otro.

Darren comenzó a corear: —¡Mural, mural, mural!

Jefferson le dio un codazo a Darren para evitar que hiciera una escena, pero parecía que la idea de Jefferson ya se había apoderado del auditorio.

—¡MURAL! ¡MURAL! —gritaban todos.

Mientras los maestros trataban de calmarlos a todos, la directora Cooler consideró la idea. Esperó hasta que todos se calmaron y colocó la tiza en su lugar.

—¡Un mural es una idea fantástica! Se vería maravilloso en la pared con vistas al césped que da hacia la ciudad. Transformaría la escuela por completo. Pero ¿quién lo pintaría?

—Eso es sencillo —dijo Darren. —Jefferson puede dibujar cualquier cosa.

Las orejas de Jefferson ardían. *Darren, basta.* ¿Cómo podría él hacer el mural? No era un artista, como los verdaderos adultos a los que se les pagaba para hacer eso.

—Es cierto —dijo Katherine, una compañera que estaba sentada en una fila detrás de él—. Todos saben que Jefferson es un súper artista. La señorita Baar siempre usa sus trabajos como ejemplo en la clase de arte.

Jefferson tragó en seco. ¿Ella hace eso?

La señorita Baar se puso de pie en la primera fila.

—Directora Cooler, no dudo que Jefferson pueda pintar algo perfecto para el mural. Es un verdadero artista. Yo sugeriría que lo pusiéramos a cargo de la obra.

Jefferson se quedó sin aliento. ¿Verdadero artista? ¿Ponerme a cargo? ¿Qué le había echado la señorita Baar a su café esa mañana?

Pero antes de que Jefferson pudiera rechazar el trabajo, Darren había empezado otra ronda de cánticos.

—¡Jefferson! ¡Jefferson! ¡Jefferson!

La decisión se había tomado.

Después de que terminó la asamblea, los estudiantes quedaron libres el resto del día.

La directora Cooler detuvo a Jefferson frente a su casillero. —No puedo esperar a ver tu visión del mural.

—¿Mi visión? —murmuró Jefferson mientras colocaba algunas cosas en su mochila. —Quise decir, ¡mi visión será genial!

La directora Cooler era toda orden y organización. Abrió su agenda y recorrió la página con su dedo. —Nuestro aniversario es en un mes. Voy a invitar al alcalde, así que necesitas empezar lo antes posible. Nos reuniremos la semana entrante para revisar tu plan —dijo, cerrando el libro con un golpe. —¿Te parece bien? ¡Perfecto!

Giró sobre sus talones y dejó a Jefferson solo, parado frente a su casillero.

¿El alcalde? ¿Un plan para la próxima semana?. Se colgó la mochila sobre el hombro y cerró su casillero. ¿Cómo iba a lograr hacer todo esto?

Salió por la entrada lateral. El señor Summers estaba montando la cortadora de césped, haciendo su corte semanal. Jefferson se dirigió hacia el césped y se volvió a mirar el lienzo más grande que jamás había visto. La pared de ladrillo blanco de dos pisos parecía no tener fin. ¿Con qué iba a llenar todo ese espacio? ¿Cómo iba a subir hasta allí?

Un mundo de posibilidades

Unos cuantos estudiantes vieron a Jefferson antes de subirse al autobús escolar. —Haz algo genial —dijo un niño. —¡Algo como serpientes!

—Pinta un zoológico —dijo una niña.

—No, ¡superhéroes! —sugirió otro niño.

Cuando los niños abordaron el autobús, Jefferson pensó en sus ideas. De pronto tuvo una idea. ¡Una visión! Sacó su libreta y anotó todo.

La semana siguiente, el auditorio de la escuela rugía con anticipación. La directora Cooler ya estaba en el escenario. Habían colocado una pantalla y Jefferson estaba de pie, detrás de una laptop. Una vez que los estudiantes se calmaron, la directora Cooler anunció: —Jefferson presentará su idea de diseño para el mural. Cuando haya terminado, les pediré sus opiniones.

Las manos de Jefferson empezaron a sudar mientras proyectaba la imagen. —Espero que les guste.

El auditorio se quedó en silencio mientras todos observaban el diseño de Jefferson. Había mucho que ver: superhéroes, un zoológico, serpientes, flores, una montaña rusa... prácticamente todo lo que le habían mencionado a Jefferson en la última semana.

Finalmente, una niña de kínder exclamó —¡El cachorro que yo quería está lindo!

Jefferson suspiró, aliviado. ¡Le gustó!

—Pero Chispita debería ser color de rosa —añadió la niña.

La sonrisa de Jefferson se desvaneció. Miró a la directora Cooler, que estaba de pie, a su lado.

—Interesante —dijo ella. Luego se alisó la falda y se enfrentó a la audiencia. —Levanten la mano si tienen comentarios para Jefferson.

Docenas de manos se elevaron. Un estudiante sugirió que Jefferson usara diferentes superhéroes, otro pensó que debía agregar una motocicleta, y otro quería que cambiara todos los colores a blanco y negro. Jefferson se mordió el labio y anotó todas sus ideas.

—No se preocupen—dijo la directora Cooler. —Jefferson tiene otra semana para llegar a una decisión final. ¡La asamblea ha terminado!

Después de la escuela, Jefferson salió a mirar la pared de nuevo, con la esperanza de lograr inspirarse. Saludó al señor Summers, que estaba segando perfectamente sus líneas de corte de un extremo al otro del césped, inclinando su cabeza. Jefferson se volvió para mirar su lienzo. Dos enormes pisos de pared blanca. Sin embargo, ¡él tenía suficientes ideas de todos los estudiantes como para un muro de cuatro pisos! ¿Cómo iba a diseñar algo que les gustara a todos?

CIELOS. Él era sólo un niño. ¡No era un artista de verdad!

Y entonces fue cuando se le ocurrió. ¡Claro!

Era sólo un niño, y lo único que había hecho era escuchar a otros niños. Los maestros eran los que hacían las reglas en Flint Hill. Debía averiguar lo que ellos querían, y entonces nada podría salir mal.

La semana siguiente todos se reunieron en el auditorio de nuevo. Jefferson sabía que este diseño lograría la aprobación inmediata. Después de que la directora Cooler logró captar la atención de todos, Jefferson proyectó una imagen en la pantalla. Ahí estaba Flint Hill con todo lo que los maestros pensaban que

representaría lo mejor de la escuela. Jefferson se veía radiante. El señor Averett, el bibliotecario, había pedido libros. La señorita Mislavsky pensó que las máscaras de drama se verían bien. La señora Mouritsen quería un halcón, la mascota de la escuela. Jefferson incluso puso la taza de café que la señorita Baar había dicho que realmente necesitaba en días pasados.

—Vaya —dijo la directora Cooler revisando la pantalla. —Veo que también has incluido una imagen de un cheque de paga más grande para el señor Lu. Interesante. Em... ¿alguien tiene algunos comentarios para Jefferson?

Cientos de manos se elevaron.

La directora Cooler eligió a una niña de la primera fila.

—¿Dónde está Chispita? —dijo.

—Sí, ¿qué pasó con todo lo que queríamos? —dijo otro estudiante.

Muchos de los estudiantes estaban molestos porque todo lo que habían pedido había desaparecido. Pero la gota que derramó el vaso fue cuando el señor Averett dijo que quería que los libros del mural estuvieran ordenados de acuerdo con el sistema decimal Dewey y no alfabéticamente.

Jefferson sintió un nudo en el estómago. Cuando miró su diseño de nuevo, no vio nada que lo hiciera sentirse confiado ni orgulloso. Era un desastre. El mural no se veía bien. ¿Cómo es posible que hubiera pensado que un montón de ideas de los maestros podrían resultar geniales? ¿En qué estaba pensando?

Pero la directora Cooler permaneció calmada como siempre.

—Escuchen todos, designamos a Jefferson para este trabajo porque es un verdadero artista, ¿cierto? Y Flint Hill no es una escuela ordinaria. Somos una escuela orgullosa. Vemos potencial en todas las personas, y las vemos también en Jefferson, al igual que lo hicimos con el inventor del plástico que estudió aquí hace veinticinco años. Demos a Jefferson el apoyo que necesita.

La directora Cooler aplaudió cortésmente.

Un mundo de posibilidades

—Yo creo en ti—dijo Darren de entre la audiencia. —¡Jefferson! ¡Jefferson! ¡Jefferson!

Minutos después, toda la escuela coreaba su nombre. Pero esta vez Jefferson se preguntaba si lo decían en serio, o si simplemente les encantaba poder gritar en la escuela sin meterse en problemas.

Después de que la asamblea terminó, Jefferson se dirigió al césped una vez más.

Allí estaba señor Summers, como un viejo amigo, cortando el césped a la perfección, haciendo que la escuela se viera terrible en comparación. Jefferson se quejó. ¡Tal vez era el señor Summers el culpable de que él estuviera metido en este lío!

Jefferson miró la pared, se acostó en el césped y cerró los ojos. Su cabeza estaba a punto de estallar con las ideas que todos le habían dado. De superhéroes a cachorritos y a libros de la biblioteca, lo había dibujado todo. Ya no quedaba nada por dibujar. Cerró los ojos mientras la cabeza le seguía dando vueltas.

—Oye, niño—dijo alguien.

Jefferson abrió los ojos. No tenía idea de cuánto tiempo había estado allí tirado.

El señor Summers estaba de pie frente a él. —No he cortado este pedazo todavía.

Jefferson se puso de pie. —Disculpe.

El señor Summers se quitó la gorra y se limpió el sudor de su frente. —Tú eres el niño que va a pintar esa pared, ¿no es así?

—Si, supuestamente.

—Qué bueno, porque esa pared hace que mi césped luzca mal. Espero que tu diseño sea perfecto.

—Si tan solo supiera cómo... a nadie le gustan mis ideas.

El señor Summers se rascó la cabeza. —Estoy confundido —, dijo, señalando la pared con su gorra. —Esa pared está en blanco. ¿No tienes que pintar algo primero? ¿Dónde están *tus* ideas?

Jefferson empezó a explicarle, pero mientras miraba fijamente la pared en blanco se le ocurrió algo. No había pintado nada que fuera de su propia inspiración. Había estado demasiado ocupado escuchando las ideas de todos los demás. ¿Dónde estaban las *suyas*?

El señor Summers caminó hacia a su cortadora de césped.

—Pinta la pared, muchacho —volvió a decirle, —y luego pregúntales lo que piensan. Ahora tengo que seguir cortando el césped.

Cuando el señor Summers encendió el cortacésped de nuevo, Jefferson echó un vistazo a la pendiente interminable de pasto perfectamente cortado que el jardinero ya había terminado.

Pinta la pared.

El señor Summers tenía razón.

Jefferson sonrió y sacó su libreta.

Al día siguiente, Jefferson le dijo a la directora Cooler lo que quería hacer. Ella le consiguió todo lo que necesitaba: la pintura, los pinceles y un ayudante: el señor Summers. Para pintar la pared, Jefferson usaba un arnés y trabajaba en una plataforma sostenida por cuatro grandes sogas que colgaban del tejado. El señor Summers movía a Jefferson alrededor de la pared usando las sogas. Todos los días después de la escuela hasta que la fecha del aniversario se acercó, Jefferson trabajó en su pintura.

Durante las siguientes dos semanas, lo único de lo que se habló fue del mural de Jefferson. Todo el mundo hacía conjeturas, pero nadie sabía lo que era porque Jefferson había estado cubriendo cuidadosamente cada sección terminada para protegerla de los elementos mientras se secaba.

Cuando finalmente llegó el gran día, la celebración del cincuenta aniversario de Flint Hill fue enorme. Prácticamente todos los habitantes del pueblo habían llegado para la gran inauguración del mural, incluyendo al alcalde. ¡Tenían que ver lo que había en esa pared!

Un mundo de posibilidades

La directora Cooler hizo un discurso sobre cincuenta años de orgullo... logros... y realizaciones. Jefferson estaba parado entre la directora y el alcalde, pero estar justo al lado del alcalde ni siquiera impresionaba a Jefferson.

Todos sus pensamientos estaban centrados en la gran develación de la pintura.

Finalmente, la directora Cooler dijo: —Y ahora, señor alcalde, Flint Hill presenta un mural que representa lo que somos como escuela y a la comunidad en la que vivimos, diseñado y ejecutado por uno de nuestros propios estudiantes. Jefferson Johnson, ¿nos harás el honor?

Jefferson caminó hacia el costado de la pared. Respiró profundamente y tiró de una cuerda que el señor Summers había colocado. La tela cayó.

Uno por uno, todos abrieron los ojos sorprendidos y quedaron boquiabiertos.

El mural era hermoso. *Impresionante. Genial.* Niños y niñas por igual empezaron a gritar y aplaudir. La directora Cooler irradiaba orgullo, como si Jefferson fuera su propio hijo y no el hijo de sus verdaderos padres, quienes estaban sentados en primera fila, gritando como locos.

Jefferson no podría haberse sentido más orgulloso. Era un artista, un verdadero artista con *visión*.

Después de que terminó la ceremonia, Darren le dio una palmada en la espalda a Jefferson.

—Cuéntame, ¿cómo supiste qué hacer?

Jefferson se encogió de hombros. —Como siempre, pinto lo que veo.

Jefferson y Darren observaron juntos el mural.

Jefferson había pintado una continuación de un césped verde perfectamente cortado que se extendía hasta encontrarse con un horizonte magnífico en la distancia. El cielo del mural coincidía con el verdadero, detrás de él. En la parte superior, Jefferson había escrito, "Flint Hill: Mira tus posibilidades."

Flint Hill parecía un edificio nuevo y, al igual que el césped del señor Summers, también era absolutamente perfecto.

2

Bolitas de gloria

Durante la hora de la cena Sebastián le dijo a su familia—pero yo realmente necesito el G-Force 5000. Prácticamente todos los niños de la escuela habían obtenido el sistema de juego durante las Navidades. Todos menos él.

—No creo que sea una buena idea, Sebastián. Su madre se sirvió una ración de arroz en su plato.

—Nos gustaría verte haciendo algo más valioso con tu tiempo.

—Tal vez podrías anotarte en el equipo de fútbol —dijo su padre— como hizo Jason.

La pecosa cara de Jason se iluminó. —¡Sí! Puedes estar en mi equipo

Sebastián miró al otro lado de la mesa a su tía abuela Martha, que siempre venía a comer con ellos los miércoles.

—¿Qué piensas tú, tía Martha? —le dijo, haciendo una cara de súplica y esperando que pudiera ayudarlo a resolver su problema.

La tía Martha soltó su tenedor.

—Creo que Sebastián debe ganarse el dinero para comprar este juego. Tal vez si dirigiera sus esfuerzos a hacer cosas útiles para ganárselo, se merecería los beneficios de tener G-Force

Los padres de Sebastián se miraron el uno al otro.

—Ganarse el dinero... —dijo su madre. —Sebastián podía lavar platos, cuidar niños... ¡me encanta esa idea!

—El césped necesita ser desyerbado— agregó su padre. —Y podría limpiar el garaje. Para cuando Sebastián junte lo suficiente para comprar el G-Force, nuestro niño será un hombre cambiado. Él podría tener lo que quiere si nos muestra que también puede ser útil.

Sonriendo, la tía Martha untó mantequilla en un panecillo.

—Me alegro de que se nos haya ocurrido algo.

Sebastián frunció el ceño. ¿Niñero, limpiar garajes? *Muchas gracias, tía Martha.* Preferiría comer pepinillos bañados en tripas de insectos antes de hacer todo eso. Empujó su silla hacia atrás.

—Si me disculpan, quisiera retirarme.

Se fue a su dormitorio, enojado por lo poco razonable que era esa idea. Se arrojó sobre su cama. Todo lo que quería era un simple juego, algo que los padres de todos los demás niños no tenían problemas para conseguir. Pero no, tenía que haberle tocado una familia que quería que él ayudara en la casa.

Alguien llamó a su puerta.

—Adelante —murmuró Sebastián.

La puerta se abrió y entró la tía Martha. Su bolso colgaba de su brazo. —¿Dije algo malo en la mesa, Sebastián?

Sebastián suspiró. —No, todo está bien.

La tía Martha se sentó en el borde de su cama. —Yo sólo estaba tratando de ayudarte.

—Lo sé.

Abrió su bolso y sacó un caramelo blando.

La tía Martha siempre tenía un montón de caramelos en su bolso. Se los daba a Sebastián desde que era pequeño.

—Puede que esto no resuelva tus problemas —, dijo la tía Martha, —pero mi caramelo te hará sentir...

—Como en la gloria—concluyó Sebastián.

Así es como ella llamaba a sus caramelos. El papel alrededor del caramelo decía lo mismo, escrito en la temblorosa letra de la tía Martha. Sebastián retiró el envoltorio y se metió el caramelo en la boca. Se derritió fácilmente, con una dulce suavidad. Al instante, se sintió mejor.

—¿Qué hay en estas cosas? – preguntó Sebastián.
—Sabes que no puedo decirte eso, Sebastián. Tu bisabuelo Nelson dijo que yo debía mantener el secreto de la receta familiar. Le dio unas palmaditas a su bolso y continuó. —Este caramelo ha estado trayéndonos la gloria por más de 100 años.
– ¿Tanto tiempo?
—Así es–. La tía Martha se puso de pie. —Toma unos cuantos, parece que vas a necesitarlos.
Le entregó a Sebastián una bolsa de plástico llena de caramelos y salió de la habitación.
Sebastián se quedó mirando la bolsa. Luego cerró los ojos y deseó que se convirtieran un G-Force 5000.
Al día siguiente, todos los amigos de Sebastián en la escuela solo hablaban sobre los geniales juegos que habían estado practicando en el G-Force. Hablaron de ellos en el autobús, durante el almuerzo, en el recreo, y en el camino a casa. Si Sebastián no lograba tener uno pronto, se quedaría sin amigos al final del semestre cuando ellos se dieran cuenta de que él todavía usaba su antiguo sistema de hacía diez años, jugando el triste juego de ping-pong. ¿Cómo iba a conseguir un G-Force? ¡Y *pronto*!
Cuando Sebastián llegó a casa, se tiró en su cama y tomó un trozo de caramelo de su mesita de noche. Pensó en lavar los platos para su madre. ¡Uf! Ni hablar.
– ¿Sebastián? —Jason estaba parado en su puerta. Vestía su uniforme de futbol y tenía una caja de barras de chocolate en las manos. —Mamá me va a llevar a la tienda de comestibles para poder vender estos chocolates a los clientes que pasan. ¿Quieres ayudarme?
Sebastián desenvolvió otro caramelo. —¿Me vas a pagar? – preguntó, mientras se lo metía a la boca. *Cielos, estos caramelos son realmente buenos.*

—No, Sebastián. Se supone que gane dinero, no que lo regale. El entrenador Newbury dice que si vendo toda esta caja tendré suficiente dinero para mi próximo torneo.

Sebastián gruñó. *Apuesto a que papá y mamá están encantados porque Jason se está encaminando hacia el éxito en su carrera futbolística vendiendo chocolates. Fabuloso.*

Espera un segundo.

Sebastián se quedó mirando el envoltorio de caramelo en su mano. —Jason, ¡eres increíble!

A Jason se le iluminó el rostro. —¿Me vas a ayudar?

—No —. Sebastián se levantó y empujó a su hermano fuera de su habitación. —Buena suerte con los chocolates.

Al día siguiente, Sebastián decidió probar su nueva idea en el autobús escolar. Mientras sus amigos hablaban sobre el juego de G-Force más emocionante que estaban jugando, Sebastián sacó lentamente un trozo de caramelo. Lo desenvolvió y agitó una mano sobre él abanicándolo para que su delicioso olor se esparciera por el aire.

—¿Qué es eso? —preguntó su amigo Lincoln.

—Oh, nada. — Sebastián se puso el caramelo en la boca. Luego cerró los ojos y suspiró con satisfacción mientras masticaba.

—Oye —dijo Maddox —¡Comparte!

—Anda, sí —agregó Neal.

Sebastián levantó un dedo mientras masticaba y tragaba.

—No puedo. —Sacó la bolsa de caramelos de su mochila. —Sólo tengo unos pocos. Me gasté todos mis ahorros en ellos, pero si tienes veinticinco centavos, te daré uno.

En cuestión de segundos, Sebastián tenía tres monedas de veinticinco centavos en la mano. Fue entonces cuando Sebastián estuvo seguro de que esta era una idea maravillosa.

El miércoles siguiente, Sebastián ejecutó el siguiente paso en su plan. Durante la cena, mientras la tía Martha estaba ocupada hablando con su madre sobre lo último en tecnología de ganchos para tejer, metió una mano en el bolso de la tía Martha y rebuscó. Sus dedos se toparon con una pequeña libreta. *Perfecto.* Sebastián armó su taller en la casa del árbol durante la tarde del día siguiente. Leyó la receta secreta del abuelo Nelson, que en realidad era bastante simple.

Mantequilla, azúcar, almidón de maíz y vainilla.

Según sus cálculos, podría hacer por lo menos una tanda cada noche, y podría venderlos todos en el autobús de la escuela en un par de días. Tendría un G-Force en sólo unas semanas, si las cosas iban bien. Sacó el mechero Bunsen que había robado del laboratorio de Ciencias, la olla gigante de su madre, los ingredientes necesarios y el papel encerado de la cocina, y se puso a trabajar.

Al día siguiente, los caramelos de Sebastián se vendieron todos en el autobús, incluso antes de que llegaran a la escuela. Hasta el conductor del autobús, el señor Steve, compró uno. Cuando Sebastián estaba a punto de bajarse, el señor Steve lo detuvo.

—¿Cómo se llama este maravilloso caramelo, hijo?

—Los caramelos de la tía Mar...quiero decir, este... ee... ¡Bolitas de gloria!

Sebastián, eres brillante. Sonrió para sus adentros.

—Ese nombre le va muy bien. Mañana te compraré toda la bolsa.

¿La bolsa entera?

Fue entonces cuando Sebastián se dio cuenta de que no podía hacer esto solo.

Al principio, Jason no actuó como el ayudante más entusiasta cuando Sebastián lo arrastró a la casa del árbol y le pidió ayuda.

—¿Por qué tengo que ayudarte? —dijo. —Tú no me ayudaste a vender mis chocolates el otro día.

Pero después de que Sebastián le dijera a Jason que podía quedarse con diez centavos por cada dólar que Sebastián vendiera,

Jason se convirtió en la máquina de envolver caramelos más perfecta y rápida que nadie pudiera encontrar en este lado del hemisferio norte. Durante todo el fin de semana, Sebastián y Jason hicieron cientos de caramelos y los metieron en bolsitas que habían Cogido de la cocina. Ahora Sebastián podría vender los caramelos por el montón.

Nadie era tan inteligente como él. Desde luego, los padres de Sebastián se dieron cuenta de que había estado pasando mucho tiempo con Jason en la casa del árbol, pero no se molestaron en averiguar lo que sucedía ahí. —Cariño —le dijo el papá de Sebastián a su madre, —por primera vez nuestro hijo está jugando afuera con su hermano y no está obsesionado con los videojuegos. Yo diría que eso es bueno.

Cuando llegó el lunes, Sebastián tenía la mochila llena de dulces. Cuando bajó a desayunar, su madre le dio dinero. —Cómprate tu almuerzo hoy, cariño. Se nos terminaron las bolsitas.

Jason estaba sentado en la mesa de la cocina, y él y Sebastián intercambiaron miradas.

—Voy a comprar más después de que Jason salga de su práctica de fútbol —continuó su madre.

Sebastián suspiró aliviado. Mamá no tenía ni idea.

Esa mañana, Sebastián de nuevo vendió sus Bolitas de Gloria antes de que el autobús llegara a la escuela, y esta vez cobró un par de dólares por cada bolsa. Cuando Sebastián y Jason contaron el dinero en la casa del árbol esa tarde, se dieron cuenta de que Sebastián ya tenía una cuarta parte de lo que necesitaba para comprarse el juego G-Force y Jason no tardaría mucho en tener un nuevo par de tacos de fútbol.

Por diversión, apilaron las monedas y los billetes de dólar.

—Jefe—, dijo Jason, —necesitamos ganar más dinero.

Agarró un montón de monedas y las dejó caer al suelo.

—¡Mucho más dinero!

Sebastián estaba pensando lo mismo. Las Bolitas de Gloria ya no sólo lo hacían sentir como en la gloria. Eran una manera muy eficaz de conseguir dinero sólido en efectivo. Sabía que la única manera de ganar más dinero era conseguir más ayudantes; necesitaba una operación completa.

—Sé exactamente cómo lo haremos.

Al día siguiente, Sebastián convocó a una reunión en la casa del árbol después de la escuela con Jason y sus tres amigos más cercanos. Caminaba de un lado a otro mientras les platicaba a todos sobre su plan.

—Señores, Bolitas de Gloria ya no es simplemente un caramelo. Es una forma de vida.

Maddox, Neal, Lincoln, y Jason asintieron.

—Olvídense del autobús #54. Le venderemos a toda la escuela —les ordenó Sebastián. —Vamos a necesitar más papel encerado. Más mecheros Bunsen. Más bolsitas. Más mantequilla. ¡Más de todo! Pero tenemos que tener cuidado, porque no queremos que nuestros padres noten que faltan cosas. Pero... hagan todo lo que puedan. Nos veremos aquí mañana a las cuatro en punto.

Esa misma noche desaparecieron de las cocinas unas cuantas bolsitas, azúcar y barras de mantequilla. Los niños trabajaban en las tardes haciendo caramelos.

Las Bolitas de Gloria se propagaron como un incendio por los pasillos de la escuela. Casi nadie podía resistirse a toda esa delicia azucarada. Para el final de la semana, Sebastián había ganado más que suficiente para comprarse su G-Force, pero no podía parar ahora.

No cuando el mundo necesitaba más Bolitas de Gloria.

No pasó mucho tiempo antes de que el equipo de Sebastián tuviera que tomar medidas más extremas cuando se agotaron los suministros.

—Señores, necesitamos más capital—, dijo Sebastián. —¡Consíganlo!

Bolitas de gloria

Pronto, todas las alcancías de los hermanos fueron asaltadas para comprar provisiones. Luego empezaron a desaparecer los billetes de veinte dólares de las carteras y monederos de los padres. Para la tercera semana, Sebastián pensó que ni siquiera necesitaría quedarse en la escuela si seguía ganando dinero a este ritmo. Era rico. ¡Asquerosa y apestosamente rico!

Eso fue así hasta que... estalló un grito en el medio de la cafetería de la escuela.

—¡Justin Tenuta tiene sarna!

A poca distancia, Sebastián levantó la mirada de la venta de caramelos que estaba haciendo a un niño de segundo grado.

—¿Sarna? —, dijo una niña sentada en otra mesa. —Eso es de niños de tercer grado. No es sarna, es *urticaria*.

— ¿Urticaria? —dijo Justin. —Siento comezón en todo el cuerpo.

—¡Dios mío! —La niña comenzó a rascarse el brazo. —Yo también tengo. ¿Me pegaste la sarna, Justin?

—Pensé que habías dicho que tenía urticaria.

—No puedes tener urticaria si se me pegó a mí simplemente por sentarme a tu lado.

La niña empezó a ponerse roja.

—¡Santo Dios! SÍ tienes sarna.

—¡Sarna! —grito alguien dramáticamente. —¡Qué asco!

El pandemonio estalló en la cafetería. —¡Es un brote de sarna! Todo el mundo saltó de las mesas para escapar.

—¡No me toques!

—¡Creo que yo también tengo!

—¡No respires cerca de mí!

Ese día, aproximadamente veintisiete estudiantes contagiados fueron enviados a la oficina de la enfermera Cratchet, pero a ella le bastó con ver a uno solo para identificar la fuente de la epidemia y descubrir que no era sarna.

Encontró un envoltorio de las Bolitas de Gloria en los bolsillos de casi todos los estudiantes infestados de "sarna". —¿De dónde sacaste este caramelo? —les preguntó.

Todos respondieron: —¡Sebastián!

En la oficina de la directora, Sebastián tenía muchas cosas que explicar, pero ni siquiera sabía por dónde empezar.

No, no tenía ni idea de por qué los caramelos les habían causado urticaria a algunos de sus clientes.

Sí, sabía que robar dinero era una mala idea.

No, él no sabía que su equipo había robado todos los mecheros Bunsen del laboratorio de Ciencias y que la escuela había pensado que habían sufrido un verdadero y genuino robo.

Y no, no se había dado cuenta de que más de un centenar de personas estaban disgustadas con él, incluyendo a sus padres, todos los que habían sufrido urticaria, los padres de esos niños, los padres de sus amigos a los que les robaron, los hermanos cuyas alcancías estaban vacías, e incluso sus tres mejores amigos, quienes culpaban a Sebastián por todo el problema, porque ellos también estaban en problemas.

Para empeorarlo todo, cuando Sebastián llegó a su casa, la tía Martha casi se desmaya a la hora de la comida al enterarse de que le había robado la receta.

—¡Sebastián! ¡Cómo pudiste hacer eso!

Mientras comían, los padres de Sebastián lo sermo-nearon sobre la integridad, la honestidad y cualquier otro valor moral en el que pudieran pensar.

Sebastián apenas podía escuchar. Él sólo observaba a Jason, sentado inocentemente frente a él, como si nada malo hubiera ocurrido.

Entonces Sebastián se dio cuenta de que la única persona que no estaba enojada con él era su hermanito.

Espera un segundo.

—¡Es culpa de Jason! —respondió abruptamente Sebastián, interrumpiendo a sus padres.

Jason se ruborizó y se echó a llorar.

—No fue mi intención, jefe. Nos quedamos sin vainilla, así que usé el extracto de almendra de mamá en su lugar.

—Por todos los santos—dijo la Tía Martha, estremeciéndose.

—El caramelo del abuelo Nelson no debe de tener ni un rastro de nueces. ¡Podría causar alergias!

—¿Involucraste a su hermano en esto? —dijo su madre, horrorizada.

El padre de Sebastián estaba furioso. —La escuela es una zona libre de nueces. Podrías haber matado a alguien. Estás castigado, y no vas a tener el juego G-Force JAMÁS.

Cuando Sebastián se fue a su cuarto, se sintió como si hubiera comido una docena de calcetines sudados. Se sentía fatal.

Unos momentos después, alguien llamó a su puerta.

Sebastián suspiró, esperando que no fuera su padre, dispuesto a sermonearlo de nuevo.

—Adelante—, murmuró Sebastián.

La tía Martha entró con su bolso en el hombro.

—Sebastián, sólo quería despedirme.

Sebastián suspiró. Se sentía súper culpable por haber robado la receta de la tía Martha. Abrió el cajón de su mesita de mesa, sacó la libreta y se la entregó.

—Lo siento —murmuró Sebastián.

La tía Martha le dio unas palmaditas en la mano a Sebastián mientras le quitaba el cuaderno. —Yo sé que lo sientes—dijo, guardando el cuaderno en su bolso. —Estoy segura de que no querías que sucediera todo esto.

Sebastián frunció el ceño. —No. Definitivamente no.

—Repararás todo el daño, Sebastián.

—¿Cómo se supone que lo haga?

La tía Martha metió la mano a su bolso y sacó un puñado de caramelos.

—Tómalos —dijo, colocando los caramelos en la palma de su mano. —Esto era todo lo que el abuelo Nelson siempre quiso. Tal vez es algo que tú también desearás.

Después de decir esto, la tía Martha se fue.

Sebastián se quedó mirando el caramelo. Aunque que el caramelo le hubiera sabido delicioso en este momento, tenía la sensación de que la tía Martha no se lo había dado para que se sintiera mejor. Esta vez era diferente. Leyó la escritura temblorosa en la envoltura, y su mano se sintió pesada por el peso del caramelo.

Como En La Gloria

Sebastián tragó en seco.

Ahora sabía lo que tenía que hacer.

Al día siguiente, Sebastián devolvió todos los mecheros Bunsen y dio todo el dinero que habían ganado con los caramelos a las personas a la que les habían robado. Las operaciones de Bolitas de Gloria cerraron oficialmente, y Sebastián registró cero ganancias.

Las cosas lentamente volvieron a la normalidad, más o menos. Los amigos de Sebastián finalmente superaron el hecho de que los había metido en problemas, y empezaron a darle crédito a Sebastián por ayudarles a salir de la infamia de la escuela primaria por ser parte del escándalo. Los chismes de Bolitas de Gloria y el brote de sarna comenzaron a desvanecerse, y sus amigos empezaron a hablar acerca de los últimos videojuegos de venta en el mercado.

Sin embargo, Sebastián veía el mundo de otra manera. Después de Bolitas de Gloria, la charla sobre los videojuegos de repente ya no tenía la misma emoción.

Tal vez estaba listo para hacer las cosas bien, no sólo para otras personas, sino también para sí mismo.

Código 7

Cuando Sebastián llegó a casa se dirigió a la cocina.

Había un montón de platos sucios apilados en el fregadero.

Se arremangó y se puso a trabajar.

Y al igual que el caramelo de la tía Martha, lavar los platos le hacía sentir en la gloria, y ahora él era parte de ella.

3
Manéjese con cuidado

El lunes, la maestra de salón de Genevieve, la señorita Skeen, sostuvo un huevo entre sus dedos al frente del salón. —Este es nuestro proyecto para esta semana.

Genevive abrió los ojos muy sorprendida. Sonrió. Ya sabía de qué se trataba este proyecto.

—¡No puedo esperar! —intervino. Ella soñaba con convertirse en veterinaria, y ahora iba a empollar un huevo de verdad.

—Hagámoslo revuelto— dijo Josh desde el otro lado del pasillo.

Genevieve frunció el ceño. Josh siempre hacía bromas de todo. Ésta era una vida inocente en las manos de la maestra, no un desayuno gratis.

—No haremos eso hoy—, dijo la señorita Skeen. —Cada uno de ustedes se encargará de un huevo durante siete días.

Julieta, la mejor amiga de Genevieve, se quejó desde la segunda fila. —¡Una semana entera! ¡Eso es como una eternidad!

Pero para Genevieve no era suficiente tiempo. Seguramente tomaría más tiempo incubar un huevo.

La señorita Skeen levantó una caja. —Conseguí éstas en la tienda de comestibles, y he inspeccionado cuidadosamente cada huevo...

—¿La tienda de comestibles? —dijo Theo desde el fondo del salón. Él siempre cuestionaba todo y sabía prácticamente todo. —Señorita Skeen, los huevos comprados en la tienda son estériles. No salen pollos vivos de ellos.

—Tienes razón, Theo.

La señorita Skeen regresó el huevo a la caja.

—El objetivo de este proyecto es aprender algunas cosas sobre la vida, no el ciclo de vida.

—¿Los huevos no empollarán? —preguntó Genevieve, decepcionada.

—No empollarán —confirmó la señorita Skeen. —En cambio, quiero que aprendan lo que es cuidar de algo. O en este caso, de 'alguien'. Y ¿qué mejor que usar un huevo frágil e indefenso? Traten a sus huevos como si fueran sus hijos. Denles nombres, llévenlos a donde vayan, y registren sus experiencias. Si, por cualquier razón, no pueden cuidar a su huevo, pueden pedirle a otra persona que lo supervise, como lo hacen los padres cuando no pueden estar con sus hijos.

Ella comenzó a repartir los huevos. —No importa lo que pase, ustedes serán responsables del huevo. Sus huevos están especialmente marcados con mi sello y serán inspeccionados en clase todos los días. Si los huevos se rasguñan, se mellan, o se cuartean de alguna manera, deduciré puntos de su nota final. Si el huevo está roto o es reemplazado misteriosamente, no recibirán ningún punto.

Genevieve anotó todo lo que dijo la señorita Skeen. A pesar de que ella estaba molesta por no estar incubando un pollo vivo, le gustaba el proyecto. Si iba a ser veterinaria, cuidaría bien de su huevo. Esto sería como una prueba, una que estaba determinada a superar. Cuando la señorita Skeen le dio su huevo a Genevieve, ella lo sostuvo suavemente en sus manos y lo llamó Chloe.

Todos hicieron canastas de cartulina para sus huevos con limpiadores de pipas y bolas de algodón. Genevieve construyó la suya extrafuerte, reforzando los lados y pegándole el doble de bolas de algodón para el acolchado. Etiquetó la caja con el nombre de Chloe y pintó de rosa las bolas de algodón.

Josh fingió vomitar cuando vio la canasta de Genevieve. —Estás tomando este asunto del huevo demasiado en serio.

Genevieve puso los ojos en blanco. Ella llevaba a Chloe orgullosamente a todas partes. A sus clases, a la fuente de agua y a la cafetería. Mientras estaba sentada junto a Juliet a la hora del almuerzo, un huevo voló por encima de su cabeza.

Josh y su amigo Calvin estaban jugando a lanzar los huevos sobre la mesa de Genevieve.

Genevieve y Juliet observaron horrorizadas.

—¿Están locos? —cuestionó Juliet.

Calvin no logró atrapar el huevo de Josh, y "Hulk" cayó al suelo. ¡Crac!

—¡Uy!

Pero en vez de enojarse con Calvin, Josh sólo se encogió de hombros.

—Supongo que sacaré un cero —dijo Calvin, y ambos se rieron.

—Niños—dijo Juliet. —¡Nunca les dejaría cuidar a mi huevo! —agregó, dándole unas palmaditas al huevo. —Aquí estarás a salvo, Leona — le cantó.

Genevieve estuvo de acuerdo con Juliet y deslizó a Chloe más cerca de ella para protegerla.

—Sí, poner a uno de esos niños a que cuiden a nuestros huevos sería un desastre.

A medida que avanzó la semana, más huevos sucumbieron a la mala atención y al mal manejo. El huevo de Dan se cayó de la canasta de su bicicleta cuando pasó por un bache. El huevo de Aaron se lo comió su perro, Tiburón. Incluso el huevo de Claire se quebró cuando lo llevó al centro comercial.

Para el viernes, sólo la mitad de los huevos todavía estaban bien, incluyendo el huevo de Genevieve, Chloe. —Anoche —dijo Juliet en el almuerzo, —mi hermano trató de jugar al tenis con Leona. Este proyecto me está volviendo loca. ¡Leona nunca sobrevivirá mis clases de equitación este fin de semana!

Genevieve se sintió mal por Juliet. Cuidar de su propio huevo no había sido tan difícil para ella.

—Tal vez... yo podría cuidar de Leona por ti —, ofreció Genevieve.

A Julieta se le iluminó el rostro.

—¿De veras? Eres la única en quien puedo confiar. ¡Eres muy buena con Chloe! —agregó, dándole un abrazo a Genevieve. —Te pagaré con chocolate, te lo prometo.

—No necesitas hacer eso, no te preocupes. Solo ve a dejarla a mi casa hoy por la noche.

De repente, toda la mesa de Genevieve estaba rodeada de compañeros de clase.

—He oído que vas a cuidar el huevo de Juliet gratis —dijo Ethan. —Cuida a Tigre por mí —agregó, poniendo el huevo en su cara. —Me voy a subir a la montaña rusa mañana, y no hay manera de que sobreviva a eso. Yo no podría confiárselo a nadie más que a ti.

Genevieve miró al pobre e inocente Tigre con una venda en la cabeza. No podía decir que no.— Bien, llévalo a mi casa esta noche a las siete.

—¡Perfecto!

Al final del almuerzo, Genevieve se había convertido en la niñera oficial de casi todos los huevos de la clase que todavía permanecían intactos. A Genevieve no le importaba. Se preocupaba por esos huevos; serían sus pequeños pacientes. Ella sabía que podía hacerlo, y todos saldrían ganando.

Cuando Genevieve fue a la clase de Ciencias, Theo se detuvo en su mesa de laboratorio.

—Deja tu huevo a las 7 p.m. en mi casa —susurró Genevieve mientras estudiaba una ameba a través del microscopio.

—En realidad—, dijo Theo, descansando su portador de huevos al lado de Chloe, —¿no crees que estás cometiendo un error al cuidar de todos los huevos?

Genevieve alzó la vista —¿Qué quieres decir?

—¿Te vas a encargar de todos esos huevos, incluyendo el tuyo, durante tres días? ¿No deberías concentrarte en Chloe? Se están aprovechando de ti.

Genevieve volvió a su microscopio. —Técnicamente, Theo, son sólo dos días y medio. El lunes por la mañana todos tendrán sus huevos de vuelta. Y yo soy perfectamente capaz de cuidar más de un huevo.

Luego miró a Theo con recelo. —¿Y a ti qué te importa de todos modos?

—Sólo pensé que sería bueno señalar lo obvio —respondió Theo. — Bueno, si vas a cuidar a los huevos, tal vez yo te pueda ayudar.

—¿Tú? ¿Ayudarme? — dijo Genevieve. ¿Por qué querría Theo hacer algo así? Entonces se le ocurrió: —¿Cómo es que no quieres darme tu huevo para que yo lo cuide?

—¿Por qué querría hacer eso? —dijo Theo. —He estado tratando de incubar el huevo toda la semana.

Genevieve estaba confundida. —Pero dijiste que los huevos eran estériles. ¿Por qué intentarías hacer eso?

—Porque... —Theo desvió la mirada, su rostro se estaba poniendo rojo. —... Porque quiero ser un científico —respondió abruptamente.

—¿Un científico? —*Theo no necesita avergonzarse por algo así*, pensó Genevieve. —Ya veo.

—Bien, no te preocupes entonces. —Theo recogió su huevo—. Es obvio que no necesitas ayuda. Olvida lo que te dije —concluyó, y se dirigió a su escritorio.

Genevieve observó a Chloe. —No necesitamos la ayuda de Theo ¿no crees?

Esa noche, catorce huevos llegaron a su puerta para recibir la debida atención de la doctora Genevieve. Ella construyó un portador especial hecho de una caja de leche y cartones huevo, anotó todo con cuidado e hizo etiquetas para registrar la condición de cada huevo a su llegada. Durante todo el fin de semana les dio mucho ejercicio y aire fresco y los llevó al parque en un cochecito. Habló con ellos y les cantó canciones para mantenerlos entretenidos. Incluso les leyó cuentos antes de apagar las luces a la hora de dormir.

Cuando Genevieve entró a su salón de clase el lunes, se sentía como una heroína. Colocó cuidadosamente la caja de huevos en su escritorio y puso a Chloe a su lado. Sus compañeros de clase se reunieron a su alrededor e intentaron recuperar sus huevos, pero Genevieve les retiró las manos.

—¡Esta es la última inspección! No los toquen. Ustedes no quieren que algo les suceda ahora, ¿verdad?

Juliet retiró su mano como si hubiera tocado una estufa caliente. —Buena observación.

—Genevieve —, dijo la señorita Skeen desde el frente de la habitación. —¿Por qué no traes los huevos de tus compañeros para que pueda revisarlos?

—Claro que sí—, dijo Genevieve orgullosamente. Ella apretó firmemente las manijas de la caja y se dirigió hacia su maestra sabiendo que, debido a su excelente cuidado, estos huevos habían llegado sanos y salvos al final del proyecto. Caminando por el pasillo, se preguntaba si iba a recibir méritos extra por hacer tan buen trabajo cuando, de repente, se tropezó con algo y la caja salió volando.

¡Oh no!

Todos los huevos volaron por el aire.

Genevieve se agarró al escritorio de Theo para no caerse.

¡Crac! ¡Crac! ¡Splash! ¡Splash! ¡Splash!

Todos se quedaron sin aliento.

La señorita Skeen estaba cubierta de huevo batido.

—¡Santo cielo!

Genevieve apenas podía abrir los ojos.

La señorita Skeen estaba cubierta de chorreantes yemas y claras de huevo. Genevieve se volvió a ver con lo que había tropezado. No había nada en el pasillo, pero Josh estaba en su escritorio con las manos cruzadas delante de él. Parecía un gato que acabara de tragarse un ratón.

Él la había hecho tropezar, ¡lo sabía!

—¡JOSH!

La expresión de Josh era de sorpresa.

—¿Qué?

Aparentemente, nadie había visto a Josh ponerle una zancadilla.

—Genevieve, te tropezaste adrede, ¿verdad? —dijo Ethan.

—¡Sabía que no te debería haber confiado a Tigre!

Juliet salió a la defensa de Genevieve. —Eso es una locura. Ella nunca lo haría a propósito.

Manéjese con cuidado

—Sí, lo haría. —Calvin se unió a la discusión. —¿Por qué crees que se encargó de nuestros huevos sin pedir nada a cambio? Ella planeó todo esto desde el principio.

—¡Niños! —trató de calmarlos la señorita Skeen, pero nadie escuchó.

—¡Yo no planeé esto! —respondió Genevieve.

Pero todos la ignoraron.

—Tienes razón, Calvin. —Josh se levantó y señaló a Chloe. —¡Miren cuál fue el único huevo que no se rompió! ¡El huevo de Genevieve!

—¡Niños! —dijo la señorita Skeen de nuevo, pero todos la ignoraron. Estaban demasiado ocupados viendo cómo cinco niños corrían hacia Chloe.

¡No! Genevieve no pudo detenerlos. En cuestión de segundos, Chloe estaba en el aire, colgando de las yemas de los dedos de Ethan.

— Ahora verás lo que se siente.

—Ethan ¡no te atrevas! —advirtió la señorita Skeen.

Pero Ethan de todas formas lo hizo. —¡Sayonara!

Chloe se le cayó de los dedos y Genevieve cerró los ojos.

¡Ping!

¿Ping? Cuando Genevive abrió los ojos, Chloe estaba rebotando en el suelo, como lo haría una pelota de ping-pong de plástico.

¡Ping! El huevo rebotó de nuevo antes de caer delante de los pies de Calvin.

Toda la clase se quedó sin aliento de nuevo.

—¡Eso no es un huevo! —dijo Josh.

Calvin lo agarró del piso. —¡Es de plástico! ¡Eres una TRAMPOSA!

Genevieve estaba aturdida.

Theo negó con la cabeza. —Te dije que no confiaras en ellos.

—¡NIÑOS, YA ES SUFICIENTE—! La señorita Skeen estaba gritando y agitó su dedo chorreado de huevo ante todos ellos. —¡Que nadie diga una palabra más!

Todos se callaron.

La señorita Skeen se enderezó y trató de aplacar su pegajoso cabello.

—Genevieve, Josh, Ethan, Theo —dijo, y continuó con los nombres de los otros niños que habían tratado de atrapar el huevo de Genevieve. —¡Todos a la oficina de la directora!

Cuando llegaron, la directora Cooler giró en su silla para mirar fijamente a todos.

—¿Qué es esto que oigo acerca de una pelea de huevos en el aula?

Inmediatamente, Josh explicó su teoría de conspiración acerca de Genevieve, culpándola del desastre entero y llamándola tramposa. Mientras Josh hablaba, Genevieve se sentó en silencio, con miedo de hablar. Ella nunca había estado en problemas como ahora. ¡No podía pensar! ¿Qué le había pasado a Chloe? ¿Por qué Josh tuvo que tropezarla? ¿Cómo podría la gente ser tan mala, a pesar de todo lo que había hecho para ayudarlos?

—¿Es eso cierto, Josh? —dijo la directora finalmente, después de escuchar el cuento del niño. —Me parece que te he visto a ti y a algunos de ustedes niños metidos en problemas una docena de veces, pero Genevieve nunca se ha metido en problemas. ¿Tengo razón o no?

Genevieve asintió con la cabeza.

La directora volvió su atención a Theo. —Y ¿cuál es tu parte en esto, Theo? Normalmente estás en mi lista de honores, no en mi oficina.

—Cambié el huevo de Genevieve por uno de plástico.

La mandíbula de Genevieve se abrió por completo. ¿Theo se había llevado a Chloe?

—Y ¿dónde está su huevo?

—Está a salvo en mi mochila en el aula; lo iba a devolver antes de la inspección, pero nunca tuve la oportunidad.

Manéjese con cuidado

La directora anotó algo en un bloc de notas.

—Y ¿por qué hiciste eso, Theo?

Genevieve se volteó par mirar a Theo. *Sí, ¿por qué?*.

Theo se encogió de hombros, luciendo tan incómodo como en el laboratorio de Ciencias. —Por ninguna razón, en realidad.

Genevieve suspiró. Tal vez Theo había perdido la razón.

La directora soltó su pluma, frunciendo el ceño.

—Theo, como ésta es tu primera ofensa y no hay ninguna regla contra el intercambio de productos lácteos, le devolverás el huevo a Genevieve inmediatamente y recibirás una advertencia por escrito. Josh, parece que te equivocas sobre Genevieve. Sospecho que ella tampoco se tropezó a propósito.

Josh tragó en seco. Después de que la directora les dio su detención a los otros muchachos, se retiraron. Theo trató de seguir a Genevieve por el pasillo.

—Déjame explicar...

Pero Genevieve no quería explicaciones. Ella aceleró el paso. Quería alejarse de todos, especialmente de Theo. Se suponía que el proyecto del huevo fuera divertido y significativo, pero en ese momento, ¡ya no le importaba nada!

Esa noche, Genevieve se sentó en su habitación, tratando de hacer la tarea, pero continuaba mirando la canasta vacía de Chloe. Extrañaba a su huevo, aunque a nadie parecía importarle. Todo era una broma para ellos. Genevieve se preguntó si algo andaba mal con ella. ¿Por qué tenía que preocuparse tanto? Tal vez no debería importarle a ella tampoco.

Sonó el timbre. Genevieve se paró de su escritorio. —¡Yo abro! — Cuando abrió la puerta de entrada, Theo estaba allí. Su bicicleta estaba descansando contra su porche delantero y tenía un huevo en una nueva caja llena de paja.

—Por favor, ¿puedes quedarte con Chloe?

Genevieve cruzó los brazos. —¿Por qué habría de hacerlo? El proyecto ha terminado.

Él levantó la caja hasta su rostro. —Chloe te necesita.

Genevieve miró a su huevo, y sintió que algo pinchaba en su corazón. Era bueno ver a Chloe de nuevo, pero ella no podía ignorar el hecho de que todo el incidente del huevo la tenía muy molesta.

—Basta, Theo. Es sólo un huevo, como todo el mundo dice.

—No es sólo un huevo —dijo Theo.

—Ah, ¿sí? Entonces dime, ¿por qué lo cogiste?

Theo apartó la mirada. Su voz era apenas audible.

—Porque me importa.

—¿Qué? —dijo Genevieve.

—Porque me importa, ¿de acuerdo? —dijo con más firmeza —. Sólo tómalo, ¿quieres? Ya lo entenderás —agregó, poniendo la caja en sus manos. — Mantenla caliente. Si tienes una lámpara con una luz fuerte, eso funcionará.

Genevieve estaba confundida. — Está bien —murmuró. Tal vez Theo realmente se había vuelto loco.

Theo agarró el manillar de su bicicleta y se volvió para irse.

—Adiós.

—Adiós.

Genevieve tomó el huevo y llevó a Chloe a su habitación. Encendió la lámpara de escritorio y la colocó bajo el resplandor de la luz. Genevieve notó que su huevo tenía una grieta fina que corría a lo largo de un lado. ¿Se estaba moviendo el huevo?

Había una nota entre en la paja. Ella la leyó.

Yo soy el científico. Tú eres la veterinaria. Ahora mira a ver qué puedes hacer con esto.

Genevieve miró al huevo de nuevo. —¿Chloe?

El huevo se movió.

Esa noche, Genevieve vio al pollito Chloe romper su cascarón. Mientras observaba algo tan pequeño e inocente emerger de su hogar protector, lo que los otros niños pensaran de ella dejó de importarle.
Miró al pollito asomándose a su nueva vida.
Tal vez ella y Theo no eran tan diferentes después de todo.
A ella le importaban estas cosas.
Eso era todo lo que importaba.

4

El monstruo

El padre de Talmage le gritó desde el pasillo —¡hora de despertar! Tenemos una cita con el Monstruo.

Talmage se estiró en su cama y miró el reloj. Eran las seis de la mañana y el primer sábado del verano. Era hora de ir a pescar al Monstruo, algo que había estado haciendo con su padre todos los veranos desde que tenía memoria.

Su puerta se abrió. Papá lanzó una barra de cereales en su cama y añadió — Ahí está tu desayuno. Vamos.

Después de que Talmage se vistió, se dirigió hacia atrás, donde el lago Wallamaloo les esperaba.

Su papá estaba en el muelle, cargando la vieja lancha. —Las condiciones son perfectas. Hoy es el día…

—Puedo sentirlo —concluyó Talmage y sonrió. Su padre siempre decía eso.

De repente, la cara de papá se puso seria. —Hoy es el día, Talmage.

Tenía su caña de pescar especial a bordo; era del tipo de pesca de alta mar, especialmente destinada para el Monstruo. —Hace veinte años juré que lo atraparía, y lo haré —añadió, dándole una palmadita al barril de la caña.

Talmage tomó su lugar en el banco trasero. —¿Crees que por fin lo atraparemos? —Él examinó el agua oscura y turbia a su alrededor.

—Tengo que hacerlo—. Papá empujó la lancha lejos del muelle.

Talmage nunca había visto a su padre más decidido a capturar el misterioso pez. La leyenda decía que el Monstruo era lo suficientemente grande como para comerse un perro. Podía saltar cincuenta pies fuera del agua y volcar una lancha. Las historias estaban tan arraigadas en la mente de todos que ningún niño se atrevía a nadar en el lago sin decir una oración antes de saltar.

Sin embargo, ninguna de las historias asustaba a Talmage o a su padre.

—Es una bestia —había dicho el padre de Talmage una vez— pero no es un asesino. Cuando lo tuve en la línea, lo miré fijamente a los ojos y todo lo que vi fue miedo.

Según su padre, ese pez había doblado su caña como si fuera un frágil alambre y casi lo había tirado de la lancha antes de que la línea se rompiera. Por toda la ciudad, la gente se enteró de la historia. Para los creyentes, su padre era más o menos famoso por ser la única persona que había visto y enganchado al Monstruo.

—Lo atraparemos, papá —dijo Talmage con igual determinación.

Pero en el fondo, atrapar al Monstruo no le importaba mucho a Talmage; simplemente amaba sus viajes de pesca. Había algo especial en el hecho de estar en el lago con su padre antes de que la mayoría de las personas de la ciudad se despertaran.

Talmage podía comer toda la comida basura que quisiera, escuchar buena música en su vieja radio, o simplemente sentarse sin preocuparse por nada del mundo. Papá hacía la mayor parte del trabajo de verdad cuando se trataba de pescar.

Papá encendió el motor y sintonizó la radio. La estación de canciones viejas estaba tocando a los Beatles.

—Perfecto —sonrió papá. —Talmage, el clima está caluroso. El Monstruo ama el agua caliente. No podríamos haber pedido mejores condiciones.

El monstruo

Se dirigieron hacia el lugar donde el río Wallamaloo desembocaba en el lago. —Le gusta el movimiento del agua — explicó papá. —Hace que la comida se dirija directo a su enorme boca.

Después de apagar el motor, papá preparó su línea. Ya había algunas lanchas preparándose para su propia captura del día. Talmage reconoció a Leonard y a la lancha de lujo de su hijo Paolo a varios cientos de metros de distancia. Papá inclinó su sombrero de pesca en la dirección de Leonard. Leonard inclinó el suyo de vuelta.

—Ese Leonard se va a tragar mi carnada —dijo papá entre dientes— cuando el Monstruo esté en mi plato de cena esta noche.

Talmage contuvo una carcajada. Papá siempre llamaba a su viejo compañero de secundaria "Ese Leonard", aunque todos lo llamaban Leo. Leonard era conocido por ser el mejor pescador de los alrededores. El año pasado, él y su hijo habían atrapado el lucio más grande que el estado hubiese visto jamás. Pero para el padre de Talmage, el pez de 58 libras que ellos habían enganchado no era el verdadero Monstruo.

Durante todo el día, papá echó y volvió a echar su línea, pero a medida que pasaban las horas, el día de diversión que Talmage había esperado no había sido tan divertido después de todo. Papá apenas había dicho una palabra. Era como si hubiera fijado todas sus esperanzas en la captura del pez esa misma mañana. Para empeorar las cosas, no conseguían ni un pez niño, lo cual era inusual. Talmage limpió el sudor de su frente. Tal vez hacía demasiado calor para pescar. Echó un vistazo a su reloj. Era pasado el mediodía, y por lo general se retiraban para el almuerzo y esperaban hasta el anochecer para salir de nuevo. Algunas de las otras lanchas ya se dirigían hacia el muelle, incluyendo la de Leonard.

—¡Bryan! —gritó Leonard al padre de Talmage mientras costeaban con el motor retumbando. —Simplemente un consejo; es la radio. Estás alejando al Monstruo con esa música.

—Tú pesca a tu manera —contestó papá, —que yo voy a pescar a la mía.

Justo entonces algo tiró de la línea de papá con mucha fuerza. Papá la agarró rápidamente y empezó a tambalearse.

—¿Ves? —le dijo a Leonard. Su caña se volvió a sacudir. —¡Tengo uno grande! ¡Ayúdame, Talmage!

Talmage se puso de pie. —¿Qué debo hacer?

La caña tiró hacia delante una vez más.

Leonard detuvo su lancha. —¿Me necesitas, Bryan?

—No te preocupes, lo tenemos. —Papá enrolló la línea tan rápido como pudo—. Agárrate a mi cintura, Talmage—. Dobló la caña para conseguir algo de dominio sobre el pez. —¡Se siente enorme, más grande de lo que recuerdo!

Talmage agarró a su padre y plantó sus pies en el piso de la lancha.

—¡Está dando una buena pelea! —Papá volvió a doblar la caña.

Lo que fuera que papá había pescado estaba subiendo a la superficie. Era grande, una masa de color gris oscuro de unos tres metros de ancho que venía hacia la lancha. Los ojos de Talmage se agrandaron. ¿Qué era eso?

Papá tiraba, aflojaba, tiraba y aflojaba.

Talmage clavó sus talones al piso.

—A la cuenta de uno, dos, tres ¡TIRA!

Talmage jaló a su padre tan fuerte como pudo.

Perdió el equilibrio y su padre aterrizó sobre él. Algo grande salió del agua. *El Monstruo,* pensó Talmage.

¡Flop! Un neumático gigante golpeó el lado de la lancha antes de hundirse con un fuerte chapuzón.

Talmage oyó carcajadas procedentes de la lancha de Leonard. Su rostro enrojeció.

Su padre se puso de pie y cortó la línea con su navaja.

Talmage se sentó, frotándose la espalda. No era un Monstruo.

—Deja de reírte, Paolo —le advirtió Leonard. —No es gracioso.

Pero Talmage podía darse cuenta de que Leonard estaba conteniendo su propia risa. El hombre aceleró el motor.

—Nos vemos más tarde, Bryan. — Y desapareció de su vista.

El padre de Talmage dejó su caña y se quitó el sombrero, tirándolo sobre la cubierta.

Talmage se quedó mirando el sombrero, y luego miró a su padre. —¿Estás bien?

Papá tardó unos segundos en recuperar la compostura. —Sí. —Miró el horizonte y finalmente recogió el sombrero. —Nos vamos a casa —agregó, tirando de la tracción del motor.

Esa noche, papá no habló mucho. Se sentó en la sala de estar en su andrajosa silla mecedora, mirando fijamente a la chimenea vacía como si fuera un televisor.

Talmage trató de animarlo. —Vamos, papá. Fue la ruidosa y odiosa lancha de Leonard lo que espantó al Monstruo. Lo atraparemos esta noche, lo sé.

Su padre no dijo nada.

Talmage comenzó a preocuparse; nunca lo había visto así cuando iban a pescar. —¿Papá?

—Talmage —dijo su padre, —tú conoces mi historia sobre el Monstruo, ¿verdad?

—Dijiste que había sido el mejor día de tu vida —recordó Talmage. —Nadie había hecho lo que tú hiciste ¡Enganchaste al Monstruo!

—Así es —dijo papá. —Fue el mejor día de mi vida. El clima era el adecuado, el anzuelo era perfecto, el lugar era insuperable. Yo había sacado la lancha del abuelo por mí mismo.

Talmage asintió con la cabeza, recordando los detalles de la historia.

—Pero nunca te dije que ese día también fue el peor. El abuelo no me creyó cuando le dije que había enganchado al Monstruo. Talmage frunció el ceño. ¿Su propio padre no le había creído? —Y vi la forma en que Leonard y Paolo nos miraron hoy. No sólo se reían de mí, se reían de nosotros.

—¿Qué importa? —dijo Talmage. —Vamos a atrapar al Monstruo, papá. Lo tenías, y yo te creo.

La expresión de papá se volvió severa. —Talmage, se acabó. Tratar de pescar un pez que no he visto en veinte años es imposible —dijo, negando con la cabeza. —¡Imposible! Ahora sueno como papá....

Talmage miró fijamente a su padre. No le gustaba verlo actuar de esta manera.

—Lo curioso es —continuó Papá— que cuando tuve al Monstruo en la línea, la radio estaba tocando la canción favorita del abuelo. Recuerdo haber deseado que estuviera ahí conmigo en ese momento. ¡Qué gran momento hubiésemos compartido! —Empezó a cantar.

—Tú pones tu esfuerzo y el día se acaba; es hora de renunciar. Pero cuando se trata de conseguir lo que quieres, trabajas de sol a sol y nunca te das por vencido. Nunca te rindes. El abuelo no creía en el Monstruo, como algunos de los de este pueblo, pero por el lado positivo, creía mucho en mí. Me enseñó a nunca darme por vencido en la vida y que fuera tras lo que deseara.

Papá se levantó de la silla. —Y yo quería ese pez, pero es hora de dejarlo ya. No voy a permitir que sigas mis pasos. ¡No de esta manera! —suspiró. —Me doy por vencido. —Alborotó el cabello de Talmage y se dirigió a su recámara. —Buenas noches, hijo.

Esa noche, mientras Talmage estaba acostado en la cama, pensó en lo que su padre había dicho y lo triste que se veía.

Talmage le hizo una promesa en silencio al Monstruo y a su padre. Su padre se había dado por vencido, pero él no. Iba a pescar ese pez de una vez por todas, y pasó toda la noche pensando en cómo lo iba a hacer.

El lunes, Talmage fingió dormir mientras esperaba que su padre fuera a trabajar. Tan pronto como Talmage oyó que se cerraba la puerta de entrada, saltó de la cama con un cuaderno en la mano. Se vistió y agarró todo lo que necesitaba del cobertizo donde guardaban los suministros de pesca. Cargó la lancha y emprendió su camino.

Cuando llegó a la desembocadura del río, abrió su cuaderno y miró un cuadro que había dibujado. Tenía tres columnas con los encabezados Carnada, Ubicación y Clima. Cada fila representaba una hora del día. Sabía que papá siempre había tratado de pescar al Monstruo buscando condiciones similares al día que había enganchado al pez, pero después de veinte años, Talmage pensó que era tiempo de probar algo nuevo. ¿Qué tal si a los peces ya no les gustaba el señuelo de Papá o preferían un lugar diferente? Talmage pensó si observaba el clima y cambiaba metódicamente las variables que podía controlar, como la carnada y el lugar, eventualmente descubriría el combo adecuado y atraparía a ese pez. Talmage llenó la primera fila del cuadro: *Anzuelo Crankbait Chartreuse, Boca del rio, Tibio y soleado.*

Para hacerse compañía, Talmage encendió la radio. Ajustó su gorra de béisbol y tiró su línea. Si alguien iba a atrapar al Monstruo, sería él ahora que tenía "el sistema". Talmage sonrió.

Ese mes de junio, Talmage probó diferentes señuelos en todos los momentos del día en la desembocadura del río Wallamaloo. Combinó todas las posibilidades que pudo para pescar, usualmente cuando su padre estaba en el trabajo, tomaba una siesta, o salía a pasear en su motocicleta (algo que su padre hacía mucho desde que se había dado por vencido con el Monstruo). Al final del mes, el cuaderno de Talmage ya estaba casi lleno, pero aún no había ningún Monstruo. Sin embargo, la determinación de Talmage no declinó. Aún tenía docenas de lugares para intentarlo. Talmage comenzó a pescar en la ensenada de Quarry, el Punto de Gillman, y el muelle de Wheaton. Intercambiaba los señuelos y pescaba en todo tipo de clima: lluvia, viento y calor abrasador.

Aun así, el Monstruo no aparecía.

Al final del verano, el cuaderno se veía desgastado, estaba lleno, y Talmage estaba comenzando a preguntarse si estaba destinado a atrapar al pez después de todo. El último fin de semana antes de que la escuela comenzara, Talmage se sentó en su cama y reflexionó sobre las entradas en su cuaderno. ¿Había alguna combinación que no hubiera intentado?

Su padre golpeó a la puerta y la abrió. —Talmage, ¿has visto mi caña de pescar?

Talmage cerró rápidamente su cuaderno. *La caña de papá.* Él había estado tan ansioso por irse a la cama la noche anterior, que se le había olvidado guardarla. Estaba en la lancha.

—Este... nn nno.

Su padre se rascó la cabeza. —Sé que la guardé en el cobertizo hace mucho tiempo, pero no está ahí. Quería venderla.

—¿Venderla?

—Sí. —Un atisbo de tristeza cruzó el rostro de su padre. —No tiene sentido que me la quede. Alguien debe haberla tomado. —suspiró—. No importa.

Después de que su papá se fue, Talmage se quedó mirando su cuaderno. No sabía cuánto tiempo más podía soportar ver a su padre sintiéndose miserable por culpa del Monstruo. Abrió el cuaderno y estudió las últimas páginas de nuevo. Tenía que encontrar una solución. Mientras revisaba las entradas, se le ocurrió una nueva una nueva posibilidad. El corazón de Talmage se aceleró un poco mientras pensaba.

Había una combinación más que no había intentado.

Esa noche, cuando su padre dormía, Talmage salió a la lancha más decidido que nunca. Se fue a la desembocadura del río y lanzó el viejo señuelo de papá. No se le había ocurrido usar el señuelo de papá e ir al mismo lugar de siempre. ¿Y si no era el carnada ni la ubicación, sino el pescador? Papá había dicho que el pez lo había visto como si estuviera asustado de él. El Monstruo no conocía a Talmage, pero valía la pena intentarlo.

Talmage encendió la radio y tiró su línea. Esperó pacientemente, sabiendo que ésta era su última esperanza. Una y otra vez tiraba su línea sin cansarse. Pasaron las horas pasaron y el centelleo de las estrellas apareció en el cielo. Eventualmente, Talmage no pudo ignorar la sensación de vacío que crecía en su estómago. Comenzó a odiar la pesca, el Monstruo, y su promesa de atrapar al pez. Una canción de los Beatles empezó a sonar en la radio, y al instante Talmage recordó el día en que él y su padre habían atrapado a un monstruo, ¡un monstruo de neumático! *Es curioso cómo una canción te puede traer de vuelta al momento,* pensó Talmage. La risa de Paolo. Papá tirando el sombrero. Nunca olvidaría ese día. Había empezado muy bien, y se había convertido rápidamente en uno de los peores días de su vida. Igual que el día que su padre había enganchado al Monstruo. ¡Qué maldición!

Talmage se enderezó de pronto. *Espera un segundo.*

Igual que el día que su padre había enganchado al Monstruo.

Jaló línea y encendió el motor. Tenía que volver a la casa. Y rápido.

Irrumpió en la puerta de la habitación de su padre gritando:

—¡Despierta, papá! ¡Tenemos una cita con el Monstruo!

Su padre se sentó en la cama y miró a Talmage. —¿De qué estás hablando?

Talmage jaloneó a su padre. —Tenemos que probar una cosa más.

—Talmage, ¿qué demonios?

Pero Talmage no iba a dejar que su padre se quedara en la cama. No lo dejaría rendirse. Lo obligó a vestirse y lo arrastró afuera. —Hoy es el día —dijo Talmage. —¡Lo sé!

El cielo aún estaba oscuro, pero pronto le daría la bienvenida al amanecer. —¡Apúrate, Papá! Son casi las seis.

Cuando Talmage encendió la lancha, hizo que su padre mirara el cuaderno. Talmage le informó de todo lo que había hecho de camino a la desembocadura del río Wallamaloo.

—¿Ves, papá? He hecho todo lo posible durante todo el verano para atrapar al Monstruo. Sabemos que el Monstruo no es un pez ordinario, sin embargo, hemos estado actuando como si él pensara y se comportara como uno. ¡Y eso no tiene ningún sentido!

Su padre lo escuchaba mientras se dirigían al lugar donde pescaban usualmente.

—No es ningún pez común al que le atraigan los señuelos viejos y comunes. — Talmage apagó el motor y prendió a la radio.

—¿Cuál era esa canción, papá? ¿Cuál era la canción favorita del abuelo? ¡Cántala!

El padre de Talmage se quedó mirándolo con incredulidad. —¿Qué?

—Canta la canción —Talmage trató de recordar las palabras. —Algo sobre de sol a sol.

El padre de Talmage miró a su hijo. —Bueno, no tenemos nada que perder ¿cierto? — Miró el agua profunda y turbia. La luz de la luna brillaba sobre su superficie.

Empezó a cantar.

—Tú pones tu esfuerzo y el día se acaba; es hora de renunciar. Pero cuando se trata de conseguir lo que quieres, trabajas de sol a sol...

Talmage se le unió —Nunca te das por vencido. Nunca te rindes.
El lago se quedó misteriosamente silencioso. Por un momento, parecía que estuviera escuchando.

—Una vez más —susurró Talmage.

—Tú pones tu esfuerzo... —cantaron.

De pronto la lancha comenzó a mecerse. Se formaron pequeñas olas en el agua.

— ¿Talmage? —dijo su padre.

Talmage seguía cantando. —Trae la caña, Papá.

—No la necesitamos —dijo su padre. —Creo que viene directo a nosotros.

Talmage se quedó mirando las crecientes ondulaciones en el agua. Su padre tenía razón. —Sigue cantando —susurró Talmage. Ninguno de ellos se atrevió a moverse.

—... De sol a sol...

Las ondas crecieron aún más. El Monstruo venía en camino.

—Nunca te das por vencido...

Algo comenzó a elevarse de la superficie justo en el momento en el que los primeros rayos del sol golpearon el agua.

Talmage podía sentir cómo la lancha se mecía bajo las olas, y lo que emergió era más grande que cualquier cosa que Talmage pudiera haberse imaginado. Tragó en seco. —...Nunca te rindes.

Y luego lo vio. La brillante cabeza verde esmeralda del Monstruo y el orbe oscuro de su ojo.

El ojo era tan grande que Talmage podía verse a sí mismo y a su padre en su vidrioso reflejo. Talmage apenas podía respirar, pero no tenía miedo.

Tampoco el Monstruo.

—Míralo ahí —susurró el papa de Talmage.

Entonces, igual de rápido que había aparecido, así mismo desapareció deslizándose bajo el agua con un chapoteo que hizo eco a través del lago. La lancha se sacudió desde su estela.

Talmage y su padre permanecieron en silencio mientras el lago volvía a la tranquilidad.

Entonces Talmage se dio cuenta de algo terrible. —Papá, no lo atrapamos.

Su padre puso su brazo alrededor del hombro de Talmage. —No importa, está bien así.

Talmage se quedó mirando el lugar donde el Monstruo había estado. — Pero ¡nadie nos va a creer!

—No importa —dijo Papá. —Conseguí lo que quería.

Talmage arrugó la cara. — No, no lo conseguiste.

Su padre lo miró. —Talmage, todo lo que quería mostrarte es que, si no te das por vencido, todo es posible. Pero ¿sabes qué?

—¿Qué?

—Tú acabas de darme esa misma lección a mí —dijo, dándole un apretón en el hombro.

Con esas palabras, Talmage miró al lago de nuevo. Su padre tenía razón. Había sido uno de los mejores días de su vida, y la profunda y turbia agua del lago Wallamaloo estaba tan clara como nunca.

5

¡Rómpete una pierna!

La señora Huff clavó un cartel en el pasillo fuera del auditorio de la escuela. Los ansiosos estudiantes del club de drama se reunieron en frente de él. —Es oficial —dijo la señora Huff frente a todos.

—Nuestro musical ha sido elegido. Mañana repartiré guiones para que puedan practicar para las audiciones la próxima semana. ¡Buena suerte!

Samantha se puso de puntillas para ver el cartel, pero Trista, una de las niñas más altas del club, estaba bloqueando su visión.

—¡Vamos a hacer *Pequeña Tienda de Horrores*! —exclamó Trista a sus amigos.

¡Sí! A Samantha le encantaba esa historia. ¡Estaba tan llena de esperanzas y sueños!

La mejor amiga de Samantha, Reina, parecía estar igual de entusiasmada. —¡El vestuario es divertido! —Reina siempre hacía el vestuario. Ella quería ser una diseñadora de moda algún día—. ¿Y tú, Samantha? ¡Dime que vas a hacer la audición para representar un personaje!

El entusiasmo de Samantha se desvaneció rápidamente. Se mordió el labio. *¿Debería hacer una audición esta vez?*

Trista giró sobre sus talones. —¿Por qué querría Sam hacer una audición? —dijo, poniendo un brazo alrededor de Samantha. —Necesitamos que sea la tramoyera como el año pasado. ¿No es así niñas?

Uno de los amigos de Trista asintió con la cabeza.

—¿Quién va a mover el decorado y traernos agua?

—Sí —agregó otro amigo. —Además, nos gustaría mantener el espectáculo sin accidentes, si sabes a lo que me refiero —sonrió.

Las mejillas de Samantha ardieron. Nadie se olvidaría de lo que había sucedido la última vez que protagonizó un musical. *Cielos.*

—Además —agregó Trista —mi papá dice que, si me dan el papel principal, va a traer al señor Mason, un gran cazatalentos de Nueva York, para verme actuar. Tú no arruinarías esa oportunidad, ¿verdad, Sam?

Samantha tragó en seco. El padre de Trista era el alcalde, y ella podía hacer la vida de Samantha miserable si no cooperaba. El último estudiante que se atrevió a desafiar a Trista tuvo que mudarse de la ciudad. Su perro fue declarado, repentinamente, un problema ruidoso, y la familia no estaba dispuesta a darlo en adopción. Al menos, ese era el rumor.

Samantha suspiró. —Por supuesto que no voy a arruinarte esa oportunidad.

Trista sonrió con satisfacción. —Pensé que estarías de acuerdo, y mis niñas representarán a los personajes de apoyo, ¿verdad?

Elevó su voz para que todos los que estaban cerca pudieran oír. —¿Verdad?

Todo el mundo asintió.

—Entonces está decidido—dijo Trista. —Tú y los demás serán el equipo de soporte. Nosotros nos encargaremos de resto.

Y después de eso, Trista se marchó con sus amigas.

—Qué descaro —dijo Reina. —Jugar a la política para salirse con la suya es asqueroso.

—No importa —dijo Samantha. —Yo no habría hecho la audición de todos modos.

—¿Por qué no?

Samantha miró a Reina. —Reina, ¿quién puede olvidar que yo, Samantha Shannin, cancelé toda la actuación de *Annie* de la escuela porque Annie, o sea yo, se cayó del escenario y gritó como loca por una tibia fracturada? Eso le dio todo un nuevo significado a la frase "Rómpete una pierna."

Reina frunció el ceño. —Eso fue hace dos años.

—Lo sé —dijo Samantha. —Pero también me gusta ser tramoyista, así que está bien. De veras.

Reina levantó una ceja. —No estás en el club de drama para ser tramoyista y tú lo sabes.

Reina volteó para marcharse. —Te veré mañana.

Después de que Reina se fue, Samantha se dirigió a su casa pensando en lo que había dicho. Su amiga tenía razón. Estaba en el Club de teatro porque amaba el teatro y todo lo que formaba parte de él, pero lo que más quería era cantar en un musical. Ella había soñado con Broadway desde que era lo suficientemente mayor como para sostener un cepillo de pelo como micrófono y ponerse una boa de plumas sobre sus hombros.

Samantha se detuvo en medio de la acera y se imaginó a sí misma como Audrey, la protagonista, cantando "De pronto Seymour". La multitud quedaría deslumbrada. Pero la siguiente imagen que vio fue verse caer en la fosa de la orquesta. ¡Crac!

Mientras gritaba en agonía tratando de salir del foso de la orquesta, Trista la miraba con las manos en las caderas.

—El papel de Audrey debería haber sido *mío*.

Luego, cientos de niños se acercaron la escena con sus celulares para tomar fotos del pequeño contratiempo de Samantha.

La visión de Samantha se desvaneció, y el vecindario reapareció frente a ella. ¿Hacer la audición para el papel de Audrey? *Ni de chiste.*

¡Rómpete una pierna!

En las audiciones de la siguiente semana, sólo Reina se atrevió a retar a Trista para obtener el papel principal, pero no lo consiguió. Reina no podía cantar ni una nota, aun si su bolso Christian Lacroix clásico dependiera de ello. Esa tarde, Reina y Samantha conversaban en casa de Samantha, en su habitación.

—Al menos lo intenté—, dijo Reina. —Alguien tiene que poder contra la mujer-monstruo. Creo que la señora Huff se muere de ganas de que cualquier otro alumno que no sea Trista actúe en el papel principal. Deberías haber participado en la audición. Lo habrías conseguido.

Samantha negó con la cabeza. Ella no estaba dispuesta a enfrentar la ira de Trista si conseguía el papel. —Todavía no es mi momento, pero por lo menos lograste ser suplente. Eso ya es un logro.

Reina sonrió. —Apuesto a que Trista no puede soportar eso. ¿Por qué no nos enfermamos y tosemos sobre ella unos días antes del espectáculo? Luego, cuando se contagie con un caso horrible de estreptococos, puedo tomar el personaje principal y poner a Trista en su lugar.

La idea era atractiva. Pero... —No vale la pena. Ella va a ser una buena Audrey.

Reina le lanzó una almohada a Samantha. —¡Me estás volviendo loca! No dejes que Trista te robe tus sueños. ¡Le tienes miedo!

—¡No le tengo miedo!

—Sí, sí le tienes miedo.

La verdad es que Reina tenía razón. Samantha estaba preocupada por Trista, pero lo que Reina no sabía era que estaba más preocupada por estropear todo el espectáculo. No podía volver a hacerlo, ni en sueños.

En el transcurso de los siguientes dos meses, el club se centró en la producción de su nuevo musical. A medida que pasaban las semanas, Samantha se sentía más y más molesta de que

Código 7

Trista tuviera el papel. ¡Era tan mediocre! No podía recordar sus líneas, se confundía siempre con las posiciones y bailaba como una jirafa desgarbada. Samantha sintió lástima por la señora Huff. Su maestra siempre parecía preferir empapelar un cuarto de baño que dirigir a Trista en su papel.

Para empeorar las cosas, Reina estaba teniendo dificultades siendo una suplente. Samantha no sólo trabajaba en el diseño del escenario, sino que también estaba ayudando a la Reina a ensayar por las tardes.

—¿Por qué hice la audición con Audrey? — se quejó Reina — Ahora estoy pensando que realmente espero que Trista no se enferme, o voy a hacer el ridículo.

—Todo va a estar bien—, dijo Samantha. —Tienes todas tus posiciones. Tus líneas están casi memorizadas, lo único que está mal es tu canto.

Reina levantó las manos. —Esto es una pesadilla. Me voy a vengar de Trista por ser tan mala.

—¿De veras?

—¡Sí, de veras! —dijo Reina entrecerrando los ojos. — Espera a ver el vestuario que he elegido para ella. ¡Le encantará!

Efectivamente, justo antes de los ensayos de vestuario de la semana siguiente, Reina le presentó a Trista su selección de vestuario. —¡Yo no puedo usar ese atuendo! —se quejó Trista. — ¡Se ve usado... y ancho... y desaliñado!

—El espectáculo prácticamente no tiene presupuesto— explicó Reina. —Tuve que trabajar con lo que ya teníamos en el departamento de teatro. Son de tu talla, y es perfecto para el papel de Audrey.

—¿Mi talla? — Trista agarró el saco de patatas de vestido que le habían entregado. Estas rayas me harán gordísima. Voy a hacerme mi propio vestuario, muchas gracias —añadió, y tiró el vestido al suelo.

¡Rómpete una pierna!

La señora Huff detuvo el trabajo que estaba haciendo con Eric, el niño que tenía el personaje de Seymour. —Trista, usa lo que Reina eligió. No tengo *prima donnas* en mi elenco; todavía no estás en Hollywood.

—¡Pero señora Huff—, protestó Trista, —no puedo usar ropa usada! Podría sufrir una reacción alérgica severa.

—Consigue una nota médica entonces —dijo la señora Huff.

Trista sonrió. —Lo haré.

Y al día siguiente la trajo, junto con un nuevo traje para su papel. Samantha tuvo que admitir que el vestido de leopardo y la estola de piel resultaban geniales para el papel.

—Mamá mandó a hacerlo a la medida. —Les mostró un par de tacones increíblemente altos que hacían juego. —Son de diseñador, hechos de leopardo verdadero. ¿Pueden creerlo?

Todos quedaron boquiabiertos. Reina se metió el dedo por la garganta.

Al final de la semana, el Club estaba listo para el ensayo de vestuario. Después de escuchar a Trista desafinar con la música durante semanas, Samantha no podía esperar a que el espectáculo terminara. El arribo del señor Mason a la ciudad también los estaba poniendo nerviosos a todos. La señora Huff no quería que nadie estropeara el espectáculo. Eric estaba nervioso, el coro estaba nervioso, incluso los niños que controlaban la planta devoradora de hombres estaban haciendo que la planta temblara demasiado.

Mientras Samantha trabajaba en los últimos toques de una pieza del escenario, la señora Huff se bajó del escenario mientras Trista y Eric practicaban un dueto. Se frotó las sienes como si tuviera migraña. —Samantha —dijo, bajando la voz. — ¿Por qué no te presentaste a la audición para el papel?

¿Había olvidado por completo la señora Huff que Samantha había destruido un musical completo? —Este... porque Trista actúa mucho mejor de lo que yo lo haría —tartamudeó Samantha.

La señora Huff echó un vistazo a Trista, que estaba tratando de bailar y cantar sha-la-la al mismo tiempo. —¿Estás segura de eso?

Samantha tragó en seco. —Ajá.

Justo en ese momento la voz de Eric se quebró.

—Bueno —dijo la señora Huff, —lo único que debemos temer es el miedo mismo. Todos mis estudiantes necesitan aprender eso, incluyendo estos dos.

Samantha asintió con la cabeza.

—¡Hazlo de nuevo, Trista! —dijo la señora Huff. —Se supone que es un paso corto, no la polka.

Samantha vio a la señora Huff volver al escenario. Estaba feliz de no tener que estar allí.

La noche siguiente, todo el mundo se preparaba para la gran actuación. Reina corría por el camerino, ayudando a Trista y su pandilla a prepararse. Samantha se inclinó contra uno de los casilleros, preguntándose cuánto tiempo iba a tomar esto. El espectáculo comenzaría pronto.

—No puedo creer que se me haya roto el cierre —se quejó una de las amigas de Trista. Incluso Trista se estaba viendo un poco fuera de sí. Sus ojos estaban rojos y lacrimosos y estaba sujetando un pañuelo.

—¡Aaaaachuuuuu!

Los ojos de Reina se hincharon mientras trataba de arreglar la cremallera. —Trista, no es un resfriado lo que tienes, ¿verdad?

—Difícilmente —, dijo Trista con la nariz congestionada —. Soy alérgica a mi ropa.

Samantha y Reina la miraron. —¿Qué?

Trista señaló su vestido y levantó la pierna, apuntando su zapato al aire. —Alérgica al leopardo. ¿Puedes creerlo? El doctor lo averiguó ayer. Te dije que era alérgica a ciertas cosas.

Se frotó los ojos y parpadeó un par de veces. —Pero ¡el espectáculo debe continuar! —dijo, poniéndose de pie. —Estaré bien.

¡Rómpete una pierna!

Reina parecía agotada. Samantha, espero que ella esté bien. Me moriría si tuviera que sustituirla.

Cinco minutos antes del espectáculo, Samantha y Reina le echaron un vistazo al público desde bastidores. El musical de la escuela era uno de los eventos más grandes de la ciudad. Todos los asientos estaban ocupados. Viendo tanta gente allí, Samantha se preguntó si debería haberse presentado a la audición. Anhelaba cantar ante un auditorio repleto.

Su corazón sintió una pequeña ola de arrepentimiento.

Reina parecía saber lo que Samantha estaba pensando. —Un día de estos, cantarás.

Las luces se atenuaron y la música comenzó.

Eric entró al escenario para actuar su primera escena como Seymour. Luego Trista apareció junto a Reina y a Samantha. Se limpió la nariz. —¿Cómo me veo? —susurró.

Reina y Samantha la miraron fijamente. Trista se veía horrible. Su maquillaje estaba completamente embarrado. Rímel negro corría por sus mejillas, y su nariz se veía tan roja como la de Rudolph.

—¡Aachuuuu!

—¡Shhh! Probablemente deberías cambiarte —susurró Reina. — Te daré mi ropa para que puedas salir.

—No es necesario —dijo Trista, agitando la mano como para ahuyentar a Reina. El señor Mason tiene que ver a una estrella en el escenario, y sería vergonzoso que me viera vistiendo tus trapos. Mi atuendo es el que Audrey se pondría, y esa es quién soy esta noche. Para el señor Mason. Ella esperó su señal y uego fue tambaleándose hacia el escenario, llevando sus tacones altos.

—¿Podría ser más desagradable? —preguntó Reina.

—¡Aachuuu!

Samantha negó con la cabeza. —No puedo mirar.

La enfermaba ver a Trista arruinar un gran espectáculo. Se escondió detrás del escenario y esperó a que el primer acto terminara para poder ayudar con el cambio de escena siguiente. Todo el mundo logró llegar al intermedio sin mucho incidente. Pero cuando Samantha vio a Trista tras bambalinas, dudó que la niña fuera a durar toda la obra. Tenía los ojos enrojecidos y ya había gastado la mitad de una caja de Kleenex. Todos se preguntaban si necesitaría un médico.

—Soy una actriz —dijo Trista vehementemente. — ¡Achuu! No me rendiré por algo como esto.

—Trista, —dijo la señora Huff— claramente tienes un padecimiento médico.

—Por favor señora Huff, puedo hacer esto —insistió Trista. — Estoy perfectamente bien, no voy a decepcionar al señor Mason.

Reina intervino. —Señora Huff, tiene que dejarla subirse a ese escenario. — Cruzó los dedos detrás de la espalda. — Este es su sueño.

—Ay, está bien—cedió la señora Huff, y Trista salió de nuevo.

—Sólo unos cuantos números más —susurró Reina a Samantha— y lo habré logrado.

Miraron como empezaba el dúo para la canción "De pronto Seymour".

La voz de Trista sonaba cada vez más ronca, pero todavía era capaz de croar la letra. Samantha sintió admiración por ella, por ser tan decidida, a pesar de que estaba llevando al desastre la obra de teatro.

De repente, Trista dejó de cantar. Frunció los labios y apretó los ojos como si estuviera tratando de contener algo.

Oh-oh. ¿Qué estaba haciendo?

—¡Aaaaaaaachhuuuuu! — Trista estornudó tan fuerte que tropezó con sus tacones y se cayó del escenario.

¡Rómpete una pierna!

La multitud contuvo la respiración. El corazón de Samantha se saltó un latido mientras Trista se estrellaba contra la fosa de la orquesta.

¿Estaba herida? Samantha y Reina corrieron por el escenario hacia ella.

—¡Estoy bien! —gritó Trista de inmediato, y saltó de la fosa. Su vestido estaba rasgado y su pelo estaba hecho un desastre. —¡Estoy bien! —repitió, sacando un arco de violín de su pelo. —¿Ven?

La multitud dejó escapar un suspiro colectivo de alivio a medida que las luces se encendieron. El público aplaudía a Trista, alegrándose de que estuviera a salvo.

La señora Huff se apresuró a ayudarla.

—Todavía puedo hacerlo, señora Huff —suplicó Trista—. ¡Por favor! Puedo terminar el espectáculo. ¡No me he roto una pierna ni nada! ¡PAPÁ! ¡SEÑOR MASON!, ¿ESTÁN VIENDO ESTO? ¡SIGO ACTUANDO! ¡SOY UNA VERDADERA ESTRELLA!

Pero la señora Huff sacó a Trista de la fosa tan rápido como pudo. Al pasar por donde estaban Reina y Samantha, dijo: —Reina, el espectáculo tiene que continuar. Sube al escenario.

Las luces se atenuaron de nuevo, y la multitud se calmó.

—¡De ninguna manera! —susurró Reina. —Yo no puedo hacer esto. Te toca a ti.

Samantha miró el escenario. "Seymour" estaba ahí parado, solo, como si estuviera desesperado por salir del musical. La multitud estaba en silencio. Samantha se mordió el labio. El escenario abierto la llamaba, pero en sus entrañas sentía náuseas. Estaba asustada. ¿Qué había dicho la señora Huff? Lo único que debemos temer es el miedo mismo.

Samantha sintió mariposas en el estómago. De repente se sintió cansada de tener miedo. Apretó los puños. No podía darle más poder a ese sentimiento. Ese escenario estaba destinado a ser de ella.

Avanzó hacia el escenario y subió los escalones.
Un niño la reconoció y gritó: —¡Siempre te hemos amado, Sam!
—¡Sí! ¡Es Samantha! —gritó otra niña.
Samantha se enderezó un poco más. Tal vez el público había olvidado lo que había sucedido hace dos años. O... tal vez ella era la única persona que no lo había olvidado.
Más gente aplaudió. Vio a un hombre con traje elegante sentado en primera fila del centro. Era el señor Mason.
Samantha se paró junto a Eric y respiró profundamente.
Quizá este era su momento.
Esperó a que comenzara la música y cantó, entonando la melodía como si fuera la primera y última canción que fuera a cantar.
Cuando la multitud se levantó para aplaudirle, Samantha volvió a ser esa pequeña niña otra vez, cantando con un cepillo de pelo como micrófono y una boa de plumas sobre su hombro.
Finalmente estaba en el lugar que amaba, el escenario, llena de esperanza. Llena de sueños.
Nunca más tendría miedo de ir tras sus sueños.

6

¡Santos roedores!

Cuando Alec llegó a casa de la escuela, su padre lo llamó desde su estudio.

—Por vigésima vez, Alec, ¡por favor limpia tu habitación! Tu mamá y yo tenemos otras cosas que hacer, como cuidar al bebé.

Alec se quejó, dejando caer su mochila en el pasillo. —Ya lo haré, papá.

Pero Alec nunca lo hizo. ¿Por qué iba a hacerlo? Su madre siempre lo hacía por él de todos modos. Tenía otras cosas que hacer, como salir con sus amigos. Incluso arrancarse las pestañas, una por una, sería más agradable que limpiar.

—Hijo, necesitas responsabilizarte —le advirtió su padre. —Tu madre ya no va a seguir limpiando por ti.

Alec se encogió de hombros y se fue a la cocina. Dudaba que papá hablara en serio. Tomó un plátano y se fue a su habitación. Para probar su punto, sonrió frente al creciente desorden de su habitación, se comió el plátano y tiró la cáscara en la alfombra. *Sólo espera y verás.* Luego salió a buscar a sus amigos en el parque.

Lo que Alec no sabía era que su padre sí hablaba en serio. Esa misma noche, mientras Alec dormía, sus padres hablaron en voz baja acerca del destino de su hijo y su dormitorio.

—El niño no tiene respeto por la autoridad —dijo su padre. —No tiene un ápice de responsabilidad.

—Estoy de acuerdo —dijo su madre mientras colocaba a Serena en su cuna.

—Si él no es responsable de sus cosas, ¿entonces quién? Si no es ahora, entonces, ¿cuándo?

—Sin duda alguna.

—Ya sé qué debemos hacer...

Su madre dejó que las palabras flotaran en el aire por un momento y sonrió.

—¿Qué?

El padre de Alec se inclinó para exponerle su plan.

¡Harían algo impensable, inimaginable e indecible! No harían... absolutamente nada.

Cuando Alec se despertó, un aroma a plátano flotó hasta su nariz, y se preguntó si su padre estaría haciendo panqueques de plátano. Sonrió, se estiró y se sacudió un calcetín sucio de su camiseta. Con la visión aún borrosa, se paró de la cama para prepararse para el día. Al cruzar la habitación se resbaló y cayó al suelo. ¡Ay!

Para sorpresa de Alec, la cáscara de plátano de ayer aún estaba tirada en el suelo. Ummm. Tal vez mamá todavía no había hecho la inspección regular. Despegó la cáscara de plátano de su pie, se levantó, y la colocó en el suelo de nuevo.

Cuando Alec regresó a casa de la escuela ese día, la casa estaba misteriosamente silenciosa. Alec se asomó por el pasillo.

—¿Papá?

—¿Sí, Alec? —respondió su padre desde su estudio.

—Sólo quería ver si estabas en casa.

Normalmente alguien le pedía que hiciera algo justo cuando volvía a casa. Se fue a su dormitorio y abrió la puerta.

Algo raro estaba pasando. La cáscara de plátano todavía estaba en el suelo.— ¿Mamá? —llamó Alec.

—Dime, Alec —respondió su madre desde la habitación contigua.

Alec se estremeció, sorprendido. Su madre entró en el pasillo

¡Santos roedores!

con la pequeña Serena, que estaba entretenida con su chupete, sentada en su cadera.

– ¿Por qué todavía está igual mi habitación? –preguntó Alec.

La cara de su madre permaneció inexpresiva. –¿Esperabas algo diferente?

–Pues...– Realmente no podía decir que estaba esperando que su madre hubiese recogido su habitación.

– No. Todo está bien. Hasta luego, mamá. –Confundido, entró y cerró su puerta.

Mientras examinaba el desorden, cruzó sus brazos e intentó comprender la desconcertante situación. Entonces lo adivinó. Supo exactamente lo que hacían sus padres. *Esto significaba la guerra.*

Durante toda la siguiente semana, Alec no sólo dejó crecer su desorden, sino que hizo todo lo posible para que se pusiera peor. Sabía que no habría forma de que su exageradamente ordenada madre y su vigilante padre pudieran soportar ver la habitación de Alec convertirse en un desastre. Naturalmente, tendrían que ceder.

Pero lo que Alec no sabía era que sus padres ya habían visto cosas peores de sus hijos: vómitos en los autos, orina en las paredes y pañales cargados. Los montones de ropa sucia, migajas de comida y cáscaras de plátano podridas no les impresionaban.

Alec siguió sin recoger su habitación. Si lo hacía, alteraría el equilibrio del universo. En la mente de Alec, había que dejar las cosas, como la limpieza de las habitaciones, para que las hiciera la gente que las sabía hacer bien. Su madre era una experta, y él no lo era. Si él recogía su desorden estaría enviando el mensaje equivocado; sus padres podrían realmente creer que él era capaz de tal tarea, y entonces las cosas realmente cambiarían.

Por tanto, Alec continuó ensuciando su cuarto hasta que alcanzó un estado reprobable. Se puso tan mal que tenía que escalar montones de ropa y basura solo para llegar a su cama. El hedor de los plátanos podridos comenzó a mezclarse con el olor del queso mohoso. Incluso él mismo no podía soportar el hedor, por lo que abrió las ventanas para respirar un poco de aire fresco. Sacó la cabeza por la ventana y sonrió. Problema resuelto.

Pasó otra semana. Como sus padres todavía no levantaban ni un dedo, Alec ensuciaba su habitación con más ganas, pensando que sus padres seguramente se darían por vencidos cuando la basura comenzara a fluir por su ventana hacia el patio.

La noticia se había extendió entre sus amigos, que habían logrado vislumbrar el desorden de Alec desde la parada de autobús.

—¡Amigo! ¡Tú habitación es un desastre épico! —comentó uno.

—No puedo creer que tus padres no te hagan limpiar eso —dijo otro. —Eres un suertudo.

—Deberías publicar un vídeo —dijo un tercero. —Es inspirador.

Sus amigos apoyaban su causa de todo corazón. Si Alec ganaba la batalla contra sus padres, prometieron hacer lo mismo y terminar de una buena vez con las limpiezas de habitaciones para siempre. Al oír esto, Alec sintió que su orgullo se elevaba.

Paso otra semana más. En lugar de resultar mágicamente limpia y recogida, la habitación de Alec parecía que necesitaba ser puesta en cuarentena en una burbuja autónoma para prevenir la propagación de enfermedades transmisibles. Además de eso, Alec ya no tenía ropa limpia. Antes que volver a usar sus cosas sucias, prefirió rescatar ropa vieja de las profundidades de su armario. Problema resuelto de nuevo, a pesar de que sus pantalones de pijama de Batman estaban cortando su circulación.

Una semana después, Alec empezó a escuchar sonidos de roedores que venían de debajo de su cama por la noche. ¡Tric, tric, tric!

Alec trató de ignorarlo y cerró los ojos para poder dormir, pero los sonidos persistían. ¡Tric, tric!

Código 7

Se colocó un par de audífonos y sonrió. Una vez más, encontró la solución perfecta para el problema. Ahora sólo tenía que soportar la sensación de pequeñas patitas de roedores caminando a través de su pecho mientras dormía.

No mucho después de eso, finalmente hubo un cambio. El teléfono comenzó a sonar sin descanso. Los vecinos se quejaron con los padres de Alec, pues habían visto ratas entrando y saliendo de la ventana del dormitorio de Alec.

Alec levantó el teléfono y escucho a escondidas.

—Mi esposa está pensando servir estofado de rata para la cena —dijo un vecino. —Tienes que acabar esto ahora mismo.

Alec sonrió. Sus padres tendrían que arreglar esto ahora. Si no ellos, ¿entonces quién? Si no ahora, ¿cuándo?

Para el asombro total de Alec, su madre y su padre... no hicieron absolutamente nada.

Lo que Alec no sabía era que sus padres habían pasado por cosas mucho peores. La familia de su padre había escapado de un país devastado por la guerra y su madre presentaba su declaración de impuestos todos los años, sin ayuda. Un puñado de ratas corriendo dentro y fuera de su casa no los intimidaba.

Muy pronto, los vecinos se enfurecieron aún más. La familia de Alec fue denunciada por violaciones a la ciudad. Cuando las aves de presa y los gatos callejeros empezaron a rodear la casa de Alec para cazar las ratas, un ciudadano preocupado apeló a control de animales. Pero no se podía hacer nada para que Alec limpiara su habitación. Mientras que los padres de Alec podrían ser declarados responsables de daños a la propiedad de otras personas, la ciudad no podía hacer nada si las ratas y otros animales solo estaban interesados en la habitación de Alec. Además, según el Código Municipal actual, las bandadas de pájaros e incluso las hordas de gatos no podían ser retirados de una residencia privada si los animales eran nativos de la ciudad.

¡Santos roedores!

La ciudad ciertamente no podía arrestar a los felinos callejeros por pasearse sobre las vallas ni a las aves por defecar en las cabezas de los vecinos. Las manos de la ciudad estaban atadas. Por lo tanto, los Papás de Alec continuaron sin hacer ¡absolutamente nada!

Los amigos de Alec lo animaban. Los compañeros usaban camisetas que decían: "¡Mantén tu propio desorden!" Otros escribieron una canción titulada "Lo sucio es bello" para mostrar su solidaridad. Otros llevaban ratas grises de plástico para demostrar que ellos también podían vivir en paz con estas adorables criaturas.

—Amigo, escribí sobre ti como ' mi héroe ' en la clase de inglés —le dijo un compañero cuando se cruzaron en el pasillo.

Pero a pesar del apoyo, Alec se preguntaba exactamente cuánto tiempo más podría seguir despertando por la mañana mientras varios grandes halcones lo observaban desde la cabecera de su cama.

Indignado por la incapacidad de la ciudad para detener una catástrofe creciente, el vecindario comenzó a hacer un piquete. En la quinta semana, la caótica habitación de Alec apareció en las noticias de las cinco en punto y en la primera página del periódico local, *La Corneta:* "El ayuntamiento necesita tomar acción para limpiar la habitación de un niño." Avergonzado por la publicidad, el Concejo Municipal convocó una reunión de emergencia. Habría que aprobar nuevas leyes para convencer a Alec de que debía limpiar su habitación, y evitar así que otra situación como esta volviera a suceder.

Al día siguiente apareció una carta pegada a la puerta de entrada de Alec.

AVISO DE SALUD PÚBLICA

Debido a los acontecimientos recientes, el Concejo Municipal ha comenzado una nueva iniciativa gubernamental dirigida a proteger la salud y la seguridad de nuestros ciudadanos — N.V.C.A.P. (Niños que Viven, Comen y Actúan Pulcramente).

Los inspectores de N.V.C.A.P estarán realizando inspecciones aleatorias de los cuartos de los niños. Si una habitación se encuentra desordenada, los inspectores de N.V.C.A.P. emitirán una advertencia verbal y exigirán que la habitación se limpie y ordene dentro de las siguientes veinticuatro horas. Una segunda violación resultará la confiscación de una paga mensual del niño. Al recibir una tercera infracción, el niño será castigado en su casa y se verá obligado a vestir un mono de trabajo naranja estándar. Sus actividades se limitarán a completar tareas adicionales y cortos descansos para ir al baño acompañados por el personal de N.V.C.A.P

Cualquier niño que sea citado por una violación deberá realizar cuarenta horas de entrenamiento de limpieza, que incluirá, pero no se limitará a: pasar la aspiradora, organizar la casa, y limpiar la taza del inodoro.

Esta orden entra en vigor a partir de HOY,

Con ustedes en la limpieza,

El Ayuntamiento.

Alec tragó en seco. Las cosas estaban realmente a punto de cambiar, pero no para bien.

Su teléfono no dejaba de sonar otra vez. Esta vez, todos los niños de la ciudad lo estaban llamando para gritarle.

¡Santos roedores!

—¡Oye Alec! —se quejó uno de ellos— ¿Por qué no ordenas tus cosas como se supone que deberías hacerlo?

—Alguien con una máscara de gas está revisando mi cajón de ropa interior ahora mismo —dijo otro. — ¿Cómo pudiste hacernos esto?

—Alec, ¡nunca voy a perdonarte esto! —dijo alguien más. — ¡El naranja no es mi color favorito!

Después de que Alec escuchara cientos de llamadas de niños enojados se paró en su dormitorio y vio a su hermanita Serena jugar en una pila de su basura. Era cuestión de tiempo antes de que los inspectores *N.V.C.A.P.* llegaran a su casa.

Justo en ese momento, a Serena se le cayó el chupete de la boca y aterrizó en el montón de basura. Ella sonrió.

Sonó una sirena y seis hombres en trajes de protección invadieron la habitación. El orgullo de Alec sobre el estado de su habitación se desvaneció rápidamente.

¿Era esto lo que quería realmente? ¿Que otras personas se encargaran de ello? Miró el mar de basura, una rata del tamaño de un perro se movió rápidamente entre sus almohadas, y los hombres estaban revisando a Serena para asegurarse de que no tuviera parásitos.

¿Era esto lo que quería para el futuro de su hermanita? Él ya tenía una respuesta.

Ese día, Alec comenzó a limpiar su habitación, pero desafortunadamente no pudo terminar en el tiempo asignado. Su habitación estaba demasiado desordenada. Alec tuvo mucho tiempo para pensar en lo que había hecho durante su entrenamiento de limpieza, mientras esponjaba almohadas y pulía la taza de un inodoro bajo estrecha supervisión cercana. Aun así, Alec continuó trabajando y nunca más dejaría de pasar otra inspección.

Pero lo que Alec no sabía era que, para sus padres, una habitación limpia era sólo la primera de muchas cosas que estaban a punto de cambiar en su vida.

—Cariño —dijo la madre de Alec a su marido. —Creo que es hora de que Alec entienda que ya no vamos a terminar sus tareas.

El padre de Alec sonrió. —Sin duda.

7

Código 7

Durante la clase, Kaitlyn escuchó cómo la directora Cooler hizo un anuncio por el altavoz.
—Todos los años espero ansiosa la llegada de esta semana —dijo la directora—. La Semana de la Imaginación tiene como objetivo el imaginar el mundo como un lugar mejor, y luego hacer que suceda. Me encantan los proyectos de equipo, y ¡este año no es una excepción!

Kaitlyn suspiró. La idea de un proyecto de equipo la hacía sentir incómoda. Colocó una mano en la bolsa de mensajero que descansaba en su regazo. Desde que se mudaron a Flint Hill desde Nueva York hacía ya un año, ella no había intentado conocer a nadie. Prefería no sociabilizar.

—… Hoy se asignarán los equipos. Tendréis que elegir un nombre para vuestro equipo y empezar a trabajar en las ideas.

Un aplauso colectivo hizo eco por todo el salón. Nadie podía resistirse a una fiesta de pizza.

El maestro de Katilyn, el señor Loh, seleccionó los nombres, dividiendo la clase en tres grupos de siete. Kaitlyn colgó su bolsa sobre su hombro y se movió a la parte trasera del salón para unirse a su equipo. Ella no conocía a ninguno de ellos, pero sabía que el famoso Sebastián había causado un escándalo en la escuela vendiendo caramelos que habían causado una epidemia de alergias. *Genial*.

—Comencemos —dijo Sebastián. —Necesitamos delegar las tareas a las personas correctas si queremos tener éxito. Confíen en mí. Tengo mucha experiencia.

—¿Cuál es la prisa? —Interrumpió Alec. —Ni siquiera hemos decidido todavía qué haremos.

Miró a Jefferson. —Jefferson, danos una idea que a todo el mundo le guste.

Jefferson se atragantó. —¿Yo?

—Lo has hecho antes. A todo el mundo le encantó tu mural.

—No, no —dijo Talmage. —Empecemos con nuestras propias ideas primero. Estoy seguro de que podemos idear algo si pensamos en ello el tiempo suficiente.

—Lo tengo —dijo Samantha. —Podríamos hacer un espectáculo de talentos para recaudar dinero. Yo podría cantar para favorecer alguna causa.

—¡Eso me gusta! —dijo Genevive. —Tal vez nuestra causa podría ser sobre los animales. ¿Qué te parece, Kaitlyn?

Kaitlyn se mordió el labio. —Un espectáculo de talentos suena bien. *Siempre y cuando yo no esté en él.* Ella no estaba segura de poseer un verdadero talento.

—Espera un segundo —dijo Sebastián. —¿Quién querría dar saltos alrededor del escenario por una causa?

—Ni siquiera yo haría tal cosa para una fiesta de pizza —agregó Alec.

—Yo tampoco —dijo Talmage.

—¿Cómo vamos a hacer que el mundo sea un mejor lugar? —preguntó Jefferson. Necesitamos una causa. Esa es la razón de La Semana de la Imaginación. Podríamos hacer algo para apoyar a los artistas, prácticamente todos ellos se están muriendo de hambre.

—De acuerdo —dijo Samantha. —Los cantantes también son artistas. Muchos de ellos recurren a cantar en las calles.

—Y ¿qué pasa con los gatos y los perros? —preguntó Genevieve. —Muchos mueren de hambre y viven en las calles. Están indefensos.

—Genevieve tiene razón —dijo Alec. —Hay muchos animales hambrientos y sin hogar. Lo sé por experiencia.

—No, no... —dijo Sebastián, perdido en sus pensamientos— Tenemos que ayudar a las pequeñas empresas. Esa sí que es una buena causa.

Talmage interrumpió. —¡Lo tengo! Debemos hacer un curso de obstáculos con todo tipo de desafíos locos.

Todos miraron a Talmage.

—¿Por qué haríamos eso? —preguntó Alec.

Talmage sonrió ampliamente. —¿Porque es una idea genial?

Mientras el grupo debatía ideas, Kaitlyn observó la conversación de uno y otro lado. Ella deseaba sacar su cámara de video y capturar el proceso. A medida que continuaba la discusión, cada compañero de equipo se convencía más de que su idea era la buena.

—Sin arte —dijo Jefferson —el mundo sería un lugar muy feo.

—Pero ¿y la música? —interrogó Samantha.

—Perros y gatos— argumentó Genevieve.

Sebastián caminaba de un lado a otro impacientemente.

—Pero las empresas son el tejido de nuestra comunidad.

Talmage seguía proponiendo la idea de la pista de obstáculos.

Kaitlyn suspiró de nuevo. No había manera de que este grupo pudiera decidirse.

—¿Y tú, Kaitlyn? —preguntó Genevieve. —¿Qué opinas?

—Este... —Ella no tenía idea de lo que podía opinar. Tal vez deberíamos pasar la semana trabajando en algo que a cada uno le guste. —Eso le ganaría más tiempo. —Luego, el viernes podemos votar por el proyecto que presentaremos el lunes.

Todos se miraron entre sí.

—Eso es genial, dijo Alec.

—¡Gran idea! —concordó Samantha.

—No veo por qué no —concluyó Sebastián. —Pero una última cosa, necesitamos un nombre de equipo. ¿Alguna idea?

¿Decidir sobre algo más? *De ninguna manera.* —¿Por qué no esperamos a decidirnos por un nombre hasta que sepamos cuál es nuestro proyecto? —sugirió Kaitlyn.

—Eso tiene sentido —dijo Jefferson.

—Todos los que están a favor digan 'sí' —dijo Sebastián.

—¡Sí! —respondieron todos justo antes de que sonara la campana. Kaitlyn sonrió. Ella había conseguido lo que quería, un proyecto individual y no de equipo. Sin embargo, todavía tenía un gran problema. ¿Qué iba a hacer para su proyecto? Mientras estaba sentada en su habitación esa noche, sacó la cámara de su maleta y la puso sobre su escritorio. Sabía que involucraría su cámara, pero no sabía lo que iba a filmar. Ni siquiera tenía una causa, como "Salven a los delfines" o "Encuentren una cura". Ella filmaba a la gente porque amaba las pequeñas historias que se desarrollaban frente a su cámara, como la vez que su mejor amiga le dijo a la cámara por qué se había enamorado perdidamente de Chad Rice. O cuando filmó la graduación de la secundaria de su primo y captó en la cámara la lágrima que se deslizó por la mejilla de su tío. O cuando su mamá recibió una mención honorífica por su documental. Lucía muy poderosa detrás de ese podio, pronunciando su discurso. Kaitlyn acarició la cámara.

¿Qué diría mamá? Mamá siempre filmaba cosas importantes. "Cosas que cambiarían la mentalidad de las personas sobre el mundo", solía decir.

¿Podría Kaitlyn hacer eso? ¿Qué mentalidad de la gente cambiaría?

No sabía qué, pero sabía que tenía que empezar a filmar algo. Al día siguiente, Kaitlyn reunió a su grupo en el aula. Tenía una propuesta. —¿A alguien le importa si los filmo haciendo sus proyectos?

—¿Filmarnos? —dijo Alec. —No creo que robarse nuestras ideas sea una buena idea, Kaitlyn.

Código 7

—Eso no es lo que quiero —dijo, metiendo la mano en su bolso y sacando su cámara. —Ese será mi proyecto. Quiero hacer una película. Tal vez el capturarlos a todos ustedes trabajando en sus proyectos por una causa pueda ser mi proyecto.

A Genevieve se le iluminaron los ojos. —Eso es genial, Kaitlyn. ¿Sabes utilizarla?

—Parece sofisticada —agregó Samantha.

Kaitlyn se ruborizó. —Mi mamá me la dio. Ella me enseñó a usarla.

—No me importa si me filmas —dijo Talmage.

—Siempre y cuando te enfoques en mi lado bueno —agregó Alec.

Todos accedieron a que Kaitlyn los filmara. Ese día, después de la escuela, Kaitlyn fue con Jefferson a una parada de autobús local. Grabó con su cámara mientras caminaban.

—Quiero transformar cómo se ve la ciudad —dijo Jefferson, gesticulando a su alrededor. —Todas nuestras paradas de autobús están descuidadas. Podríamos decorar cada parada con arte, y contratar a artistas locales para hacerlo.

Kaitlyn estaba impresionada. Era una gran idea.

Luego se reunió con Alec en el parque. —Mi idea es embellecer la ciudad pidiéndole a los ciudadanos que recojan su basura y la de los demás. Dejamos bolsas de basura reciclables en varias ubicaciones. De esa manera, si te sientes motivado, puedes tomar una bolsa, recoger la basura e irte. Les enseñará a todos que el desorden de la ciudad es responsabilidad de todos.

Cuando Kaitlyn se reunió con Samantha en su casa, ella la filmó trabajando en una nueva canción. —Quiero cantar algo que haga que la gente cuide de nuestro mundo.

Al día siguiente, Kaitlyn capturó a Genevieve usando un mapa del vecindario para establecer un sistema de hogares de acogida para mascotas. —Si todos los niños de la primaria Flint Hill pudieran albergar un animal, ¡podríamos salvar cientos de gatos y perros cada año!

Sebastián estaba elaborando planes de negocios con su hermanito Jason. —Me gustaría ayudar a las pequeñas empresas a atraer a más clientes a través de publicidad de bajo costo.

—¡Podríamos hacer que las empresas patrocinaran a mi equipo de fútbol! —agregó Jason.

Talmage estaba construyendo una pista con obstáculos en su patio, con muros de escalada, sogas y una piscina de lodo. —Voy a pegar premios al azar en el barro que la gente tendrá que pescar. Será casi imposible encontrar el premio mágico.

Todos tenían grandes ideas. A Kaitlyn le preocupaba que su proyecto no fuera tan bueno como el de todos los demás. Todo lo que tenía eran clips al azar de sus compañeros de equipo. ¿Qué tipo de proyecto era ese?

Sin embargo, siguió filmando porque eso era lo que la atraía, igual que a algunas personas les atraía dibujar o escribir. Pero a medida que avanzaba la semana, las cosas empezaron a desmoronarse para sus compañeros de equipo. Kaitlyn filmó la decepción de Jefferson al darse cuenta de que no podía hacer el proyecto de cooperación entre artistas. Tenían que pagarles a los artistas hambrientos, y Jefferson no tenía el dinero. Samantha sufrió un severo caso de bloqueo de escritor cuando descubrió que Stevie Wonder y U2 ya habían hecho canciones como la suya. Y Sebastián estaba bastante seguro de que su plan de negocios podría ser ilegal si deseaba usar las imágenes de los atletas famosos en las camisas de fútbol patrocinadas por las compañías.

Cuando Kaitlyn fue a filmar a Genevieve, ella había perdido la esperanza en su sistema de cuidado de acogida. Alrededor de una cuarta parte del cuerpo estudiantil tenía un miembro de la familia que era alérgico a los perros o a los gatos. Otra mitad tenía padres que ya tenían suficiente con las mascotas de sus propios hijos, y el resto estaba más interesado en iguanas y

tarántulas. El único compañero de equipo que parecía feliz con su proyecto era Talmage.

—No podemos venderle la idea de la pista con obstáculos a la directora Cooler simplemente porque es *genial* —dijo Sebastián a sus compañeros el viernes. —Tenemos que pensar en algo que sea importante.

—¿Y tú qué, Kaitlyn? —preguntó Alec. —Tú sí tienes algo, ¿verdad?

Sí, videos de compañeros decepcionados, pensó Kaitlyn. —En realidad, no.

—Pero esto fue idea tuya —dijo Jefferson. —Que hiciéramos nuestros propios proyectos por separado.

—Dejamos que nos filmaras —dijo Samantha.

—Puedes usarlo de alguna manera, ¿verdad? —dijo Genevieve esperanzada.

—Yo digo que votemos para presentar el proyecto de Kaitlyn —dijo Sebastián. —Todos los que estén a favor digan 'sí'.

—¡Sí! —respondieron todos.

—Sabemos que se te ocurrirá algo brillante —dijo Jefferson.

— Simplemente examina todas las posibilidades.

—Se levanta la sesión —dijo Sebastián.

Kaitlyn dejó el aula cargando todo el peso del proyecto sobre sus hombros. Su plan para ganar más tiempo se había vuelto en su contra. ¿Qué iba a hacer ahora?

—¡Espera!

Kaitlyn dio vuelta en el pasillo.

Genevieve la alcanzó. —Necesitarás mi ayuda.

—No —dijo Kaitlyn. —Yo puedo sola.

—¿Estás segura? —Genevieve parecía dudarlo. —Sé que votamos por tu proyecto, pero no tienes que hacerlo sola.

—Gracias —dijo Kaitlyn, —pero todo está bien.

Kaitlyn no quería involucrar a nadie más. Ya había hecho suficiente.

—De acuerdo —dijo Genevieve—. Pero promete que me llamarás si me necesitas.

Kaitlyn asintió con la cabeza. Genevieve era muy amable. Era su naturaleza. Muy atenta. Si Kaitlyn se hubiera preocupado de la misma manera, tal vez no se encontraría en este lío.

Cuando llegó a casa de la escuela, cargó todas las imágenes de su cámara a su computadora. ¿Sobre qué podría cambiar la mentalidad de la gente? Vio cada clip, pero fueron los clips de Genevieve los que vio una y otra vez.

Kaitlyn pausó la reproducción en una imagen de la cara decepcionada de Genevive cuando se enteró de que su proyecto no funcionaría. Era casi como si Genevive creyera que cada perro y gato sin hogar dependiera de ella, y ella los estaba abandonando a todos. Esa era la historia de Genevieve, fácilmente capturada en treinta segundos de película. Genevieve siempre trataba de ayudar a alguien o a alguna causa.

Pero ¿cuál era la historia de Kaitlyn? Kaitlyn miró su reflejo en su espejo de cuerpo entero. A ella no le gustaba lo que veía: la tristeza de la muerte de su madre y luego tener que alejarse del lugar donde había crecido. Durante un año, Kaitlyn se había mantenido alejada de otras personas porque no quería que los demás se dieran cuenta de esa tristeza. Estaba segura de que todos pensaban que era simplemente una solitaria, pero Kaitlyn no era una solitaria. Simplemente estaba... sola.

Kaitlyn miró de nuevo a Genevieve en la pantalla de su computadora. Genevieve se preocupaba tanto que incluso se había ofrecido a ayudar a Kaitlyn. Genevieve le había hecho sentir que no estaba tan sola.

Pensó en la Semana de la imaginación, en construir un mundo mejor. Quería ayudar a Genevieve a ayudar a esos perros y gatos. Revisó los clips de los otros compañeros y trató de concentrarse. Filmaba a la gente porque se sentía atraída por sus historias.

Jefferson tenía una visión artística. Samantha se enfocaba en su deseo de cantar. Talmage amaba los desafíos. Alec quería que las personas asumieran la responsabilidad de ellas mismas y de los demás, y Sebastián encarnaba el espíritu emprendedor. Poco a poco, una historia más grande le vino a la mente. Una que era mucho más grande que todas ellas combinadas. *Y si...*
¡Lo tenía!

Kaitlyn inmediatamente se puso en contacto con sus compañeros y estableció un plan. Luego, durante todo el fin de semana filmó a sus compañeros de equipo trabajando en su idea para su nuevo proyecto y editó la película.

El lunes, la directora Cooler los reunió a todos en una asamblea para ver los proyectos de la semana de la imaginación. Los proyectos se presentaron por grado, y el equipo de Kaitlyn estaba programado para ir el último. Kaitlyn no podía quedarse quieta. Primero, los estudiantes de kínder presentaron una obra de teatro donde imaginaron un mundo en el que todos debían unirse en silencio en un círculo para promover la paz. El público estalló en aplausos. Había proyectos sobre la pobreza, la educación y las enfermedades. Para cuando el equipo de cuarto grado presentó su proyecto reflexivo sobre reciclaje y ecología, Kaitlyn tenía la sensación de tener millones de "mariposas" en el estómago. Finalmente era hora.

—Y nuestra última presentación —anunció la directora Cooler— será la de Kaitlyn Williams en nombre de su equipo.

Kaitlyn subió al podio y colocó una tarjeta en la que había escrito un breve discurso. Suspiró y recordó lo poderosa que se veía su madre cuando hizo el suyo.

—La Semana de la imaginación se trata de mejorar el mundo —dijo Kaitlyn. —He aprendido que una sola persona puede hacer ciertas cosas, pero cuando compartimos nuestras historias y trabajamos juntos, podemos hacer mucho más.

Código 7

Ella inició su película.

Una dulce canción entonada por Samantha se escuchó en los altavoces. Imágenes de cachorros y gatitos encontrados en las calles de Flint Hill aparecieron en la pantalla. El público enterneció. Luego apareció Jefferson en pantalla. Estaba parado en una calle ordinaria. —El arte tiene el poder de embellecer nuestra comunidad.

Le siguió Alec hablando sobre las bolsas de plástico y la limpieza de la ciudad. El siguiente fue Sebastián, parado al lado del dueño de una tienda de suministros para mascotas.

—Las personas como Nate Romano les dan empleos a nuestros ciudadanos y alimentan a nuestros animales.

La pantalla se volvió negra; las palabras parpadearon en la pantalla.

Las ideas
Se convierten
En realidad.

El público vio imágenes de Nate y sus empleados en el estacionamiento del suministro de mascotas de Nate. Grandes murales de gatos y perros, creados por artistas locales, captaban la atención de los transeúntes. El lote estaba lleno con una pista de obstáculos para perros y gatos y estaciones para la limpieza de los desechos de los animales. Los ciudadanos de Flint Hill estaban revisando los animales traídos por control de animales para su adopción.

Genevieve colocó a un Chihuahua delante de la cámara. —Control de animales necesita nuestra ayuda. Estos eventos de adopción en el suministro de mascotas de Nate salvan a perros y gatos que no tienen hogar. Sus honorarios de adopción y donaciones les dan a nuestros ciudadanos peludos los hogares que se merecen. ¡Adopta una mascota en el próximo evento de adopción de Nate!

Más palabras e imágenes brillaron a través de la pantalla a medida que la canción de Samantha llegaba a su verso final.

Individuos
Que trabajan
Juntos

En la siguiente imagen, Jefferson ayudaba a los artistas con sus murales mientras la palabra "Autenticidad" aparecía en la pantalla.

Surgió otra imagen: una foto de Sebastián estrechando la mano de Nate y el Consejo empresarial de Flint Hill. La palabra que apareció entonces fue "Determinación".

En otra instantánea apareció Genevieve hablando con un oficial de control de animales mientras la palabra "Cuidado" aparecía en la pantalla.

Alec preparaba sus estaciones de recolección con el personal de Nate mientras se leía la palabra "Responsabilidad".

Talmage entrenaba a un Retriever para saltar sobre un obstáculo. "Perseverancia".

Samantha interpretaba su canción para los asistentes del evento. "Valentía ".

Luego apareció una imagen de Kaitlyn con su cámara apuntando al evento de adopción.

Su palabra era "Transformación".

Kaitlyn habló de nuevo mientras más imágenes de perros y gatos sin hogar aparecían en la pantalla. —Estas palabras cuentan nuestras historias.

Kaitlyn pensó en su propia historia. ¡Cómo deseaba que su madre pudiera verla ahora!

—Creo que todos nosotros podemos llevar vidas épicas como individuos y equipos, no sólo para nosotros mismos, sino para el mundo que nos rodea. Esta es nuestra promesa. Este es nuestro código.

Apareció la imagen de su equipo en la pantalla. Todos los miembros tenían un animal en los brazos.

—Estudiantes de Flint Hill—, dijo Kaitlyn, — nos llamamos Código 7.

La canción de Samantha se desvaneció cuando la pantalla se volvió negra.

El salón guardó silencio por unos momentos, y luego estalló en aplausos ensordecedores. La multitud comenzó a cantar: —¡Código 7, Código 7, ¡Código 7!

Kaitlyn dejó escapar un suspiro y sonrió.

Lo hice, mamá.

—Parece que tenemos un ganador —dijo la directora Cooler. — ¡Código 7 acaba de ganarse una fiesta de pizza!

Los compañeros de Kaitlyn saltaron de sus asientos y se dieron grandes abrazos. A nadie le importaba el premio. Lo que habían logrado en el espacio de una semana era mucho más que eso.

—Esto me hace preguntarme —dijo Sebastián mientras chocaba la mano de Kaitlyn en alto. —¿Qué vamos a hacer ahora?

—¡Deportes extremos! —sugirió Talmage.

Kaitlyn se rio mientras Genevieve le daba un abrazo.

—Estuviste genial —dijo Genevieve. Kaitlyn sonrió mientras descansaba la barbilla en el hombro de Genevieve; hacía mucho tiempo que no recibía el abrazo de un amigo.

Kaitlyn miró a la bolsa de mensajero que descansaba en su asiento. *He cambiado la mentalidad de las personas, ¿no es así?*

Pero haber logrado que la gente se preocupara por los perros y los gatos sin hogar no era por lo que Kaitlyn se sentía tan orgullosa.

Ella había cambiado; ya no estaba sola.

Era Kaitlyn otra vez.

Se había transformado en...

... *Kaitlyn* ... finalmente.

AGRADECIMIENTO DEL AUTOR

Estimado lector,

Gracias por leer Código 7. Espero que hayas disfrutado con el libro tanto como yo escribiéndolo. Si quieres decirme lo mucho que te ha gustado, me encantaría que escribieras una opinión del libro. Las leo todas, y lo que es más importante, la reseña ayudará a otros a decidir si es una novela adecuada para ellos. Ten en cuenta que tu opinión debe ser escrita por tu padre, madre o tutor si tienes menos de trece años. Diles lo mucho que quieres compartir tu pensamiento conmigo, y espero que te ayuden a hacerlo.

Asimismo, no pierdas de vista mi próximo libro:
The Proto Project: A Sci-Fi Adventure of the Mind (en inglés).

Si quieres saber más acerca del libro o leer un anticipo, por favor visita www.candywrapper.co.

Atentamente,

BRYAN R. JOHNSON

Bonus Sample Chapter

The Proto Project
A Sci-Fi Adventure of the Mind
(English Edition)

El Proyecto Proto
Una Aventura de Ciencia-Ficción de la Mente
(Edición en inglés)

Cuando Jason conoce el invento de un billón de dólares de su madre, un dispositivo de inteligencia artificial llamado Proto, accidentalmente se ve envuelto en una misteriosa aventura. Proto desaparece, y luego también lo hacen personas. Ahora Jason y su fantástica vecina Maya deben arriesgar sus vidas para impedir el caos mundial. ¿Pero quién está detrás de este malicioso plan? ¿Es otra IA? ¿Es el FBI? ¿O cualquier otra abreviatura con una I? ¿Qué puedes descubrir exactamente acerca de la inteligencia humana y artificial mientras peleas por salvar tu vida frente a una legión de cachorros peludos o un batallón de drones? Mucho, si es que vives para contarlo.

YOU'VE NEVER SEEN ANYTHING LIKE IT

There were good field trips and bad field trips. The one that Jason was about to embark upon would trigger a series of events that would turn anyone into a whimpering, babbling scaredy-pants, never to board a filthy school bus again. But we can't get into the details about that unless we start from the beginning.

Jason Albert Pascal stared at his reflection in the bathroom mirror while listening to his favorite rock band *Lightning Strikes*. He styled his hair into a perfect mess using a touch of gel, then frowned at the hint of a pimple on his chin. A blemish wouldn't spoil his mood. Today, he and the rest of Buttonwood Middle School were heading to Recode Global, a super-secretive high-tech company that was opening its doors to the public for the first time. Its megaplex of futuristic buildings was located on the outskirts of town, surrounded by invisible electric fences and security drones. The place always made Jason wonder, *What was Recode Global up to?*

Jason's own mom, Dr. Shannon Elaine Pascal, was one of Recode's top employees. Dr. Pascal called herself a scientist, but thanks to confidentiality agreements, she couldn't give Jason specific details about her work. All he could gather from her long-winded science-y explanations was that Recode Global used technology "to solve humanity's most vexing problems." The only other clues he had about her job lay in her home office, an underground laboratory specially built for Dr. Pascal's tinkering. It was full of electronic equipment, tools, and techy parts, but she never let Jason in on what the stuff was for. Building tiny robots that could perform life-saving micro-surgeries on sick people? Was she working on space tech to colonize another planet in the event of a global warming crisis? His mother couldn't possibly be *that* cool—or could she?

Jason headed downstairs for breakfast, taking the stairs two at a time. The TV in the kitchen reported the morning news. Today would be sunny and clear, with a high of 77. *Perfect.*

He entered the kitchen and found his dad, Ray Pascal, sitting at the breakfast table, staring intently at the TV mounted on the wall. A poufy-haired anchorwoman was talking about the upcoming meteor shower that would light up Earth's sky.

"Where's Mom?" Jason said as he took a seat beside his dad at the table.

Ray held up a finger to quiet Jason.

Jason watched the TV.

"Don't forget to mark your calendars," the anchorwoman said. "Comet Swift-Tuttle is on its way. Get to Presidio Park next weekend for the best viewing!"

Jason's dad turned to Jason. "We have to see that. Your mother would love it."

"Yeah, Dad," Jason agreed. "Sounds cool." Though he could think of a billion other things that would be more interesting than staring at a black sky, looking for itty-bitty flashing stars. "Speaking of Mom, where is she?"

"Already at the office," Ray replied. "Your mother said everyone had to go in early. Your field trip is a major event." He slid an empty bowl over to Jason and waggled a box of Choco Crunch.

Jason grabbed the box and poured himself a bowl of cereal. "Dad, what are they going to show us? Are we going to watch scientists whisper to each other or what?" He scooped up a spoonful of cereal and shoved it in his mouth. *Yum.* No need for milk.

His father chuckled. "I only know a little about what they're cooking up, but I bet by the end of the day you'll think Recode is more *off the chain* than my bikes." He elbowed Jason. "Get it? Off the chain?"

Jason groaned. Ray Pascal owned Spokes, a bicycle shop a few miles from their house. While Jason's mom loved everything science, his dad loved bikes and, unfortunately, bike jokes.

Ray got up from the table, taking his bowl with him. "Also, your mom said they're providing lunch and treats like cupcakes—you can't go wrong."

"Cupcakes?" Jason smiled at the magic word, then shoved another spoonful of cereal into his mouth. He wondered what his mother was going to show everyone that could save the world.

The school bus went through one checkpoint after another. Jason and his classmates' excitement was palpable. "Wow!" a kid said. "Look at that!" Everyone pressed their faces against the windows for a better look. Finally, Jason could see Recode Global's buildings. With all that shiny glass and sleek metal, Recode looked like it had been ripped right out of a superhero movie. The buildings weren't tall, but the angles and curves of some of the structures seemed to defy gravity. Even the sculptures dotting the landscape could have passed as futuristic robots or objects designed by very talented aliens.

Jason's excitement doubled when he noticed a bunch of brightly colored food trucks and commercial vans flanking one side of a building—Tic-Tock-Thai, Bakin' With Bacon, Sugar-N-Spice . . . *oh yeah.*

Their bus pulled up alongside others, and students formed lines to be led into the building. As Jason surveyed the scene, he realized his dad was right. This was a *major* event. There were news crews everywhere. An older-looking man wearing a white lab coat talked into about five microphones at the same time while cameras rolled. The man gestured as he spoke, causing his crazy, Einstein-ish gray hair to wiggle with each motion.

As everyone got off the bus, Recode security guards made each student pass through security gates, then waved small credit-card-sized devices over each student. To Jason, it looked like his mom's company wasn't taking any chances. Every once in a while, a card would light up, and someone had to give up what they had, even *gum*, but oddly, everyone was allowed to keep their phones. After security checks were completed, one guard gave another a signal, and the mirrored double doors to Recode Global slowly slid open.

Jason and his class entered a great hall the size of a football field. The walls, ceiling, and floor were made of a smooth, silvery material. There was no furniture, decorations, or visible light fixtures—only wide-open space, clean surfaces, and a warm glow filling the vast area. A few students tried to snap pictures of the amazing nothingness with their phones, but complaints quickly filled the room.

"Hey, how come my phone doesn't work?"

"Mine won't power on."

"Same with me!"

Jason pulled his own phone from his pocket. The screen was dark, and he couldn't turn it on. *Creepy.*

A soothing female voice filled the room. "Welcome, students. Please note, photography is prohibited. Your cellular devices have been temporarily disabled."

"Kinda spooky," a girl murmured beside him.

Jason turned to look at who was talking. She had long black hair, brown eyes, and a slightly pointy chin. She was wearing a T-shirt with an image of Princess Leia on it that read *A WOMAN'S PLACE IS IN THE RESISTANCE.* "You're Jason, right?" she asked.

Before Jason could answer, the girl went on. "My mom said your mom actually works here. I just moved a few doors down from you, so hello, neighbor!" She smiled. "I'm Maya Mateo."

Jason smiled back. "Hi."

"So, what's your mom going to show us?"

"Uh . . . honestly, I have no idea." Jason hoped it didn't involve flowcharts and diagrams. His mother was particularly good at those.

Maya looked around the room as the rest of their schoolmates filed in. "Looks like she has a neat job. My dad's an airline pilot, a lot less fancy than this."

Just as Maya started to say something else, another female voice boomed all around them. *"Are you ready for the future?!"*

Everyone yelled in agreement.

Maya leaned in closer so Jason could hear. "Your dad owns Spokes, right? Can you meet me there tomorrow at one? I need to fix my bike."

"Sure," Jason said, even though his dad did all the fixing at the shop. Still, he hoped he could be useful to Maya. She seemed like the coolest neighbor he'd ever had. *Star Wars* and bikes? Sure beat Mrs. McGuffin and her snarling cats.

"People, I didn't hear you," the voice said, growing louder. *"Are you ready for the future?"*

Jason's whole body vibrated from the volume. He joined everyone else in shouting, "Yes!"

"Then welcome to Recode Global, where the future is *now*."

Suddenly, the lights went out.

The room was pitch black.

"Was that supposed to happen?" Maya said.

"I have no idea." Jason couldn't see a thing!

"What's going on?" came another confused voice.

As if to answer the question, a burst of electronic sounds filled the room, like a techno dance song. Multicolored waves of light pulsed through the air, and the crowd whooped to the music. Jason started to wonder if they had gone to a nightclub instead of a field trip. A velvety female voice emanated from all around. "You are in a place of imagination and wonder!" A circle of light appeared on the ceiling. As Jason's eyes adjusted, a woman dressed in all black, like Catwoman, descended out of the darkness on a disc-shaped hoverboard.

The disc zoomed through the air without visible rotors or jets to keep it aloft. Instead, a pair of metallic, Frisbee-sized circles from its underside crackled with bluish-white electricity. The vehicle lowered to a platform that rose up as if the floor was changing shape to give her a landing spot. The woman stepped off the disc and onto the platform. She put her hands on her hips like a true superhero.

Everyone erupted into applause.

"My name is Ula Varner," the woman said, "I'm the public relations director for Recode Global." She tapped her belt, and her all-black outfit turned sky blue. Students gasped with awe.

"If only my mom knew to shop where she does," Maya commented.

"We have gathered here the brightest, most future-literate people in the world," Ula continued. "They come from more than 100 countries all over the planet. They are physicists, geneticists, biologists, material scientists, and engineers. Our mission is to reimagine the operating systems of life to ensure the sustainability of humankind. Recode Global is here to recode the world!"

Everyone clapped again.

"You've already had a glimpse of what we are doing to accomplish that," Ula continued. "Metamaterials for our modular, malleable floor; chroma-shifting fabrics for my versatile outfit; and new transportation like the ODSCIP." She gestured to the flying hoverboard. "The

Omni-Directional Super-Conducting Platform! That's three new technologies already. Wait until you see what's next!"

Another round of applause sounded through the room.

The ODSCIP flew up and away, and the hall filled with a soft white light. "Come this way," Ula said.

Everyone was led toward a wall that melted away to form an opening. Weirdly, there were no seats in the space within. Ushers guided the group toward spots on the floor, and Maya was directed to the opposite side of the room with her class. "Catch ya later, Jason," she said.

Jason nodded goodbye as an usher organized his class into neat rows. The room darkened. The walls, ceiling, and floor seemed to transform into fields of stars, but it was way better than any planetarium Jason had ever visited. Everything seemed so . . . real. It was like he was suspended in outer space. He reached out to a nearby star. It pulsed from his touch.

"Greetings," a male voice said. "It won't be long before we can live on other planets, even vacation in outer space." As the narrator spoke, planets and asteroids zoomed in and out of view. Then Jason saw floating translucent images against the starry backdrop. People boarded spaceships and landed on faraway planets. These "tourists" then shuttled around in rover-like vehicles from craters to mountains to planetary oceans as easily as if they were visiting a place like Hawaii to see the sights. "These grand visions are closer to reality than you think," the narrator continued. "As you tour Recode Global, prepare to be astonished. What you will see today is only the beginning."

The group was led through another melting wall into a large space where a man dressed in a white button-down and jeans waited on a platform. He rolled up a shirt sleeve to reveal a gleaming prosthetic. "I lost my arm in combat three years ago," he explained as he held out his arm and wiggled his fingers. "But now, thanks to Recode Global, it's better than new!" The fingertips on his mechanical hand opened to reveal all sorts of tools, like a high-tech Swiss Army knife-hand.

Jason recognized a screwdriver, a mini flashlight, scissors, and . . . a laser pointer?

The man aimed the finger at a blank white wall, and a beam of red light shot out. He used it to burn a large smiley face into the wall. It wasn't just a laser pointer; it was a *laser*. "Harmless against humans," he said, "so long as you don't look at it directly."

A few students gasped.

The man laughed. "*Kidding!*"

The group continued onward, moving from room to room. Jason was riveted by mind-blowing displays and demonstrations: exoskeletons that enabled people to outrun cheetahs and lift things as heavy as elephants, giant trees that had been engineered to grow into actual treehouses—a product of something called synthetic biology—and nano-sized medical robots that could clear clogged arteries, destroy cancer cells, and knit fractured bones together.

Lunch featured a panel presentation, hosted by a couple of robot comedians who weren't all that funny. Perhaps teaching computers how to make jokes was still a work in progress. Then the students were herded into a lecture hall with a movie-theater-sized screen.

Jason slid into a modern desk with built-in surfaces that allowed everyone to take notes using touchscreens. While people sat down, Jason spotted his mom onstage. Finally, Dr. Shannon Elaine Pascal was on.

Dr. Pascal smoothed the pockets of her white lab coat. A stray lock of her brown hair had fallen into her glasses. Jason thought she looked positively tiny in a lecture hall filled with so many curious students.

The room finally settled down, and Dr. Pascal began.

"Students," Dr. Pascal said, "I have a problem for you to solve." She clicked a laser pointer in her hand and an equation appeared on a giant screen: "HI + AI = ?"

With a fingertip, Jason wrote the formula onto his screen.

HI + AI =

He drew a sad face and sighed. Leave it to his mom to turn everything into an equation.

No one attempted to answer the question.

"First, let's address HI," Dr. Pascal said. "It stands for human intelligence, an intelligence that is unparalleled by any other living species on Earth. Then there's AI. It stands for—"

"Artificial intelligence," a girl called out.

"Correct!" Dr. Pascal replied, her face lighting up.

Jason thought his mom was probably glad that at least one person was paying attention.

"When you combine HI and AI, you get . . ." Dr. Pascal clicked the pointer and the answer appeared.

HI + AI = The Future Today.

"This powerful formula," Dr. Pascal said, "is our key to solving humanity's most challenging problems *now*."

Dr. Pascal dimmed the lights. As she spoke, images of the human brain and neural networks flashed on the screen. Then lines of programming code floated upward, followed by pictures of machines, computers, and smart devices used by people.

"Humanity working together with AI is already changing how we live," Dr. Pascal went on, "but in ways that go beyond what most people see."

Jason's mind began to wander, and he contemplated how awesome it would be if his mom wasn't just a theory person but actually built droids like the ones right out of *Star Wars*.

"To solve complex issues," Dr. Pascal said, "such as climate change, food shortages, and epidemics, we must learn how to re-engineer complex systems. But this has been hard to do with human intelligence alone. We need AI as a partner."

Then Jason's mom started using phrases like "artificial general intelligence," "deep tech," and "neural code" with sloping charts and graphs. This went on for several minutes, and Jason started to lose track; a kid in the row in front of him was doodling a picture of an army of aliens attacking a stick-figure version of a woman in a lab coat. *Not good.*

Jason's gaze wandered over to the caterers in back wearing Sugar-N-Spice T-shirts. They were setting up desserts on long tables. One caterer was massively built, making even Jason's towering dad look kind of average-sized. Jason worried his baseball-mitt hands might crush the dainty cupcakes he was setting out. Next to him, a blonde caterer with a streak of pink in her hair unloaded cookies and mini-cakes. The caterers watched Jason's mom as they worked. Maybe they found her confusing, too.

Suddenly all the lights in the room cut out. But this time, it didn't feel intentional.

"That's odd," Dr. Pascal commented in the dark. "Let's give this a second. No need to worry."

The lights came back on again.

Just when Jason thought his mother would continue, another Recode employee in a lab coat stepped onto the stage and whispered in his mother's ear.

"Students," Dr. Pascal announced, "I am so sorry, but I won't be able to finish my talk. If you could just follow your teacher's instructions to leave the building, that would be great." She gestured toward the exit on one side of the room.

Jason gaped from his seat. That was it? Did someone pull the plug on his mom's speech?

"Oh, and don't forget to pick up a Recode Global gift bag," Dr. Pascal continued. "Thank you for visiting."

Security officers immediately began ushering everyone out of the room. Jason heard one of them tell another, "We've got a Code 7."

Code 7?

Jason stared at his mother. He felt relieved that her presentation was over, but he was also ticked off that they had cut it short. His mother didn't look so happy either as she stepped off the stage.

Jason followed his teacher's instructions to line up to leave. The big dude and the pink-streak lady were putting all the goodies back into boxes. Recode wasn't going to bother letting everyone grab a snack? Jason's teacher handed him a Recode Global gift bag. He rummaged through it: Recode Global decals, pens, and a miniature of the ODSCIP. Not a single treat. The bag itself was a cool drawstring backpack. He slung it onto his back.

Dr. Pascal came over and took Jason aside. "I'm disappointed I couldn't finish my talk, Jason. We didn't even get to the part about how important it is to be future literate."

"I'm sad, too," Jason said. More for his mother though. "I heard a security guard say, 'Code 7.' What's that mean?"

His mother frowned. "No idea. There are some things here at Recode that even I'm not privy to." She glanced over her shoulder, then her face turned really serious. "I want you to truly understand what I do, though. Would you like that?"

"Wait, more charts?" *Umm—*

"This will be much better, I promise." She looked at him intently. "It will change how you view the world."

"Right now?" Jason noticed his class starting to leave. "Everyone's going."

"Listen, my boss and the rest of the team will be busy with press conferences all day." She scanned the room. "Really, it's now or never. They're clearing the room. When will I ever get a chance to have you here?"

Jason bit his lip. "Never?"

Dr. Pascal smiled. "Stay put. I'll let your teacher know that you're staying with me."

Jason had to hand it to his mother. She never gave up, and he *did* wonder what her office was like. Was it anything like her lab at home? Did people fly ODSCIPs to the water cooler? Would *he* get to ride one?

Dr. Pascal returned. "All set," she said. "It's time for you to meet my latest project. Trust me, Jason, you've never seen anything like it."

¡Visita el sitio web para saber más sobre el autor y la historia que hay detrás de las historias!

www.candywrapper.co

Apúntate para recibir novedades del autor

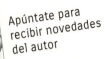

Descárgate la guía de debate

Descubre más cosas sobre las órdenes de clase

Consigue un anticipo de otros libros escritos por Bryan R. Johnson

Made in the USA
Middletown, DE
07 June 2021